親が変化したとき、子どもは「できる子の顔つき」に変わります。具体的には、瞳の奥に深みが生まれ、身体全体に輝きが生まれます。この状態のとき、子どもは他のどの状態よりも効率的に物事を「吸収」し、能力を思いのままに「発揮」します。

私のしつけの特徴は、「心の奥のほう」からしつける教育をしている点です。

この本には、今まさに2歳～9歳の子どもを育てる親世代の皆さまのお役に立つ、人を育てる「秘技」を書きました。

「秘技」と言っても仰々しいものではありません。子どもを「心の奥からしつけるノウハウ」だと思ってください。

持って生まれた性格の長所を引き出し、それが将来社会に出て役立てられるように、正しい方向に導いていく過程を「しつけ」だと捉えていただくと、「心の奥からしつけるノウハウ」の重要性をご理解いただけるのではないでしょうか。

私は、何事にも旬があるように、しつけの「旬」は2歳から9歳、わが子を抱き上げ膝の上にちょこんと座らせられる頃までだと考えています。稽古の際、10歳になると頭で理解する能力が成長し、自己流の解釈が素直な稽古を邪魔するようになります。その点、9

歳頃までは、言葉の意味をまだうまく理解できないので、子ども独特の冴えた感性を駆使し、鏡に映すかのように師を真似するからです。

タイムマシーンがあるなら、わが子が2歳の頃に戻りたいと思うことがあります。今知り得た、本書に記したノウハウをわが子に実践してあげたかった、と思うのです。

この本を書くにあたって、親はどういう望みをもって子どもを育てるのだろう？　と思いを馳せてみました。

そして「わが子が、将来社会に出たときに恥をかかない大人になってもらいたい」という望みは誰もがお持ちだろうと思ったのです。

「普通に社会に船出」という望みは共通概念ではないでしょうか。これは、学校を卒業後、仕事に就き定着し、できるだけ人様に迷惑をかけない生活を築くまで、を指しています。

仕事に定着できない若者が増えてきている現状は、悲しい限りです。ひとつの原因として「一般的であること」「みんなと同じであること」がいい、とされるという問題が挙げられます。

幼年期は、この、「みんなと同じようにすること」さえ、興味の対象ですから、ほとんどの子どもは、順調な心で過ごせます。

しかし、物心つく10歳頃からでしょうか、「一般的、みんなと同じ」と言われているものになじめないタイプの子どもは、「みんなはなぜ、同じことを楽しめるの」「自分にはわからない」と悩むようになります。

個性は人それぞれ、と口では言っていても、中学、高校時代は、極度に流行に関心の向く時期ですから、「みんなと同じ」に添えない子どもは、しんどいはずです。乗り越えられる子もいれば、押し潰されてしまう子どももいることでしょう。

ですから、2歳から9歳、心が純粋で、物心がつく前に、「手だて」しておくのです。

自分の個性に自信を持てるよう「心の奥」をしつけることはとても重要です。

これから子どもが大きくなり、出会うべくして出会う人に対して、失礼のないように振る舞えるか。そのご縁を感謝で受け止めることができるか。人生をまっとうできるか。そうなれるように、助力するのがしつけなのです。

それでは、本書を読み進めるうえでの「共通認識」を確認しておきましょう。

本のタイトルにもなっている、「恥をかかない大人」とはいったいどういう大人でしょうか。私は、次の10の資質を身につけた大人だと考えています。

①感謝（おかげさま）の心を持っている大人
②思いやり（相手の立場に自分を置き換える）の心を持っている大人
③わきまえの心を持っている大人
④ルール遵守の心を持っている大人
⑤些細なことまで気づく感性を持った大人
⑥覚悟できる大人
⑦継続できる大人
⑧聞く力を持っている大人
⑨合掌の心を持っている大人
⑩師を仰ぎ弟子を育むことのできる大人

これらの資質が揃っているなら、どこに出ても恥をかくことはないだけではなく、周りからも一目置かれる存在でいられると思います。

もう1点、本の中にたびたび「大人資質」という言葉が出てきます。ひと言で表わすと、子どもが社会に出たら、3ヶ月で人の輪に受け入れられ、3年で周りから一目置かれる存在になれる資質のことです。

しつけに最も適した2歳から9歳の間に「大人資質」を身につけておくことが、「恥をかかない大人」の土台になる、と考えています。

本書は①～⑩の各資質について5項目ずつ、計50項目のしつけが書いてありますから、「1週1項」の実践を継続すると、1年以内に「恥をかかない大人」に育てるための基本ルールを、身につけさせることが可能です。

愛おしいあなたのお子さんのために、そして、親業を完遂するために、まずは1項目ずつ取り組んでみてください。

子どもを〝恥をかかない大人〟に育てるためのしつけ　10の基本ルール

Contents

1章

Rule 1

的をとらえた礼儀を身につける

2章 Rule 2

「思いやり」の行動を共にとる

3章 Rule 3

大人は大人、子どもは子どもを徹底し、「この子はこの子」を徹底してしつける

4章

Rule 4

行動規範としての形式ルールと、心の決め事としてのポリシールールをしつける

7章

Rule 7

「やり抜く」で喜び合う

8章 Rule 8

聞く力をしつける

9章 Rule 9

「合掌」の心を話し合う

10章 Rule 10 「師事」する心をしつける

カバーデザイン
本文デザイン・DTP　松好那名(matt's work)

1 章

Rule 1

的をとらえた礼儀を身につける

1

人は「命」を食べて生きていることをきちんと伝える

給食代を払っているのだから、子どもに「いただきます」を強制しないでくれ、と学校にクレームをつけた保護者がいる、という話を友人から聞き、正直びっくりしました。

クレームの理由は、こちらがお金を払っているから。学校から給食をもらっている訳ではないのだから「いただきます」なんて言葉はいらないじゃないか、ということです。

クレームをつけた保護者に同意する方もいらっしゃるのではないでしょうか。お金を使った側が「立場上優位」になるのが常識なら、道理にかなった主張だと思います。

でも、私は同意できません。それは、「いただきます」にある、もうひとつの意味を知っているからです。

虫は小鳥に食べられ、その小鳥が猛禽類に食べられる、という生態系の仕組みに似た、人が植物を収穫し、動物を屠殺し食する、「命をいただきます」の「いただきます」です。

クレームをつけた保護者は、このもうひとつの意味を知らなかったのでしょう。

「命」をいただく意味を知り、感謝の心で「いただきます」を言えることは重要だと感じ

ます。これを身につけることで子どもは、

①植物や動物の「命」の犠牲に感謝する感性
②死を意識することで、充実した生を営もうとする前向きな感性
③人が一番大事だと認識する「命」のレベルで「食」を考える感性
④自分は「命」をいただいている。では私の「命」の意味は？　と自問する感性

という、4つの「命」に対する感性を育むことができます。具体的に説明しましょう。

①犠牲に感謝する感性

「立場上優位な者」と「立場上劣位な者」との違いは紙一重です。

あるグループ内で「立場上優位」であったとしても、それはそこだけの話。ましてや、優位であり続ける保証などありません。

「立場上優位」であり続けるのなら、「立場上劣位」な者の支持を永く受け続ける必要があります。劣位な者が、優位な者に「犠牲を捧げること」を納得しているかどうかによって決まると言えます。

動植物が、人間に食べられることを納得しているかどうかは、知ることができませんが、彼らの犠牲の上に私たちの命があることは、間違いのない事実ですから、**犠牲となった「命」に感謝する**ことは、必要な感性なのです。

②死を意識すると生が充実する感性

先日、髪を切りに出かけた際、美容師の男性が、最近自分の寿命を感じる、と言っていました。62歳の彼のもとには癌や糖尿病が理由で亡くなった旧友の訃報が次々と届くようになり、死を身近に感じるようになった、と。

一番の悩みは、自分が死んだ後、子どもたちが自分を思い出す「もの」を何も残せていないこと。だから、残せる「もの」をつくることが、残された人生の課題だそうです。**死を意識することで、何かを残さねばという行動意欲が生まれる**のでしょう。

③命レベルで食を考える感性

現代は飽食の時代です。食を再認識しましょう。

笑いを取るために食べ物を粗末に扱うバラエティー番組がいまだにあります。子どもはそれを見てしまいます。

親が、食べものに対する教育をするしかありません。残さずに食べようね、食べものは「命」だったから、と諭せる親でありたいです。

食べものは、血となり肉となります。**私たちの「命」を保ってくれるものは、犠牲になった「命」だということを教えましょう。**

④自分の命の意味に気づく感性

食べものは「命」でした。「命」をいただいて、私の「命」が保たれています。ということは、自然の食物連鎖からして、私の命で保つことができる何かがあるはずです。私たちも何かの「犠牲」になることが運命だ、と言えるかもしれません。人が、それぞれの「使命」をまっとうすることで社会が保たれます。**人の「命」は、仕事という形で社会に捧げられる**のではないでしょうか。

いかがでしょうか？　「いただきます」の挨拶ひとつでも、その意味について深く考えたとき、「命」についてこれほど多くのことを子どもに伝えることができるのです。

食べものに対して**「命をいただきます」と感謝する心**は、恥をかかない大人になるために最低限度備えたい大人資質のひとつです。

「命」のありがたみに感謝できないことには、子どもが自身の心を感じ、見つけて、自身の力で心を練りはじめる取り組みである、「心づくり」などあり得ないのです。

もし、「心づくり」を後回しにして、「大人資質」を授けようとしても、子どもに劇的な変化は望めません。**心づくりが、すべてのしつけの成功の秘訣**なのです。

根本的な心の変化は、子どもの瞳の輝きと行動の進化で実感できます。行動の進化は、落ち着きあるたたずまいと、明晰な理解力、そして優雅かつ俊敏な動作として現われます。

実際に道場では、この優雅で俊敏な動作の会得度合いで成長を見極めています。

「いただきますには命をいただく意味があるのよ。だから、お金とは別にお礼を言うんだよ」「命だった食べものに、また、それを届けてくれたお店の人にもごちそうさまを言って帰ろうね」

と、お店で食事をとりながら優しく諭すことから始めましょう。

「心づくり」は「命」への感謝から始まります。

一行実践ポイント

命の犠牲に感謝の意味で「いただきます」と言うことを教える

②「おかげの労」を見過ごさないで感謝できる視点

お店の人に「ごちそうさまでした」と言うと、気分がよくなります。お金を払ったから礼はすんでいる、という考え方もあるでしょう。しかし、食事の手伝いをしてもらった、その苦労を見過ごさないで感謝することは、子どもの礼儀教育にとても効果があります。お店の人に対しての親の思いやりある行動を、幼い子ほど映しとっています。子は親の鏡と言われるように、親のとった行動パターンを子どもは模倣するのです。

ありがとう、ごちそうさまでした、いただきます、おいしかったよ、という言葉と気遣いを子どもは常識と認識し、いずれ自分もそれらの言葉を使うようになります。

「いい親」が「いい子」を育てる仕組みはこれです。**相手を喜ばせ好感を抱かせる性格は、子どもの幼齢期に「遺伝」する**と思いましょう。

私は道場で、武道の知恵をしつけに生かしています。武道にはしつけに適している知恵がたくさんあります。なかでも「残心」は、落ち着きと思いやりに必要な「心の持久力」

の養成に適しています。

ひとつの技（動作）が終わった後にも、気持ちを抜かないことが「残心」です。

日常生活においても、礼をするときは頭を下げて終わり、ではなくて頭を起こして相手の目を見るまで礼は続くという意識に「残心」を使います。

ありがとうございました、という礼なら、相手の身体の中に「ありがとうございました」という文字を描き残す要領で頭を起こすと、相手もいい気分になるだけではなく、不思議と自身も、相手に感謝を伝えた実感を味わえます。

「残心」は「いい気」を残すことだと考えてください。

「いい気」とは、「自然本来の波長」のことを指して言いますが、いい感情の起きているときの身体の中の感じと捉えてもいいでしょう。誰かに好かれていると自覚したとき、誰かに認められたとき、束縛から解き放たれて安心したときのような「いい感じ」であり、ゆったり、ワクワク、ウキウキ、といったプラスの感覚です。


私は、本業の稽古教育道場の運営を支えるため、飲食店を2つ経営しています。もちろん、自ら現場に立ってこの事業を盛り立てています。

お客様の中には、商品を運ぶたびに「ありがとう」と受け取ってくれる方がいます。

サービス業で働く者としては本当にうれしいお言葉です。

学生アルバイトは、お客様の「ありがとう」の言葉で、どんどんやる気になっていきます。学生アルバイトの心に喜びを施しているのです。

このお客様は飲食のサービスを受けつつ、思いやりを施す側に立っています。帰りには飲食の代金と「ごちそうさまでした」の言葉で、お店に「いい気」まで残していくのです。「いい気」を残していくお客様を、お店は応援したくなります。食材の中で一番いいものを提供したくなりますし、「いい気」のお返しをしたくなるのです。

お店での思いやりの声掛けは、「喜び連鎖」のきっかけとなり、自分が応援される構図をつくり出しているのです。

私が主宰する道場では、子どもたちに礼から教えます。何にも優先する礼をしっかりとわかってもらうことで、物事の本質を見抜く目を養成するためです。

道場に来たら、まず、先生に礼をすることを教えます。学校や公民館とは違い、道場は先生の家です。公的な施設での稽古ではその点を教えられないので、私は採算を度外視してでも、常設道場を構えることに意義がある、と考えています。

これは、子どもたちに「先生の家にお邪魔して教えを請いに来ている」という自分の立場を認識してもらうのが狙いです。

僕は自分に必要だと思うことを稽古してもらうために、先生の家にお邪魔している、と子ども自身が認識する**「わきまえ」**の心は、**「品性」を育んでくれます。**

「わきまえ」とは、立場を知ってその立場らしい言動をとることです。

「品性」とは、慎み深く優雅にへりくだれる、ゆとりある人間性のことです。

わきまえられることも、恥をかかない大人になるために最低限度備えておきたい大人資質のひとつです。わきまえるためには、些細なことも見過ごさない感性が必要です。

だから、この「わきまえ」の感性を養成することで、ほんの小さなことに対しても敏感に反応できるようになります。

人生で何かに対して「よし、成功だ!」と思うことがあったとき、その成功の要因は何だと思いますか? 実は、些細な、どうでもいいじゃないかと思えることだらけです。普通なら見過ごしてしまいそうな、当たり前すぎることです。

しかし、わきまえる心で培われた、ほんの些細なことを見過ごさない感性があるなら、その小さなきっかけをつかむ率が高くなるのです。

気になる本があれば手に取る、気になる人がいたら声を掛ける、気になる場所があったら行ってみる……。私は、その些細なことが気になるように仕向けてくれた力を「おかげ」、と理解しています。「おかげ様です」の「おかげ」です。

後になって成功した原因を分析してみると、「あの本」「あの人」「あの場所」と縁を結びなさいと「仕向けてくれた力」があるように感じるのです。

お店で「ごちそうさまでした」を言う意味を親子で考えることをきっかけに、「おかげ」についても話をしてみましょう。

代金の支払いとは別に、「おかげ」を見過ごさないで感謝できる心をしつけます。さらに「今日は、おかげ様で、いい外食を楽しめたね」、「そうだね、おかげ様だね」と、意味はわからないままでもいいですから会話の中で、子どもの口から「おかげ」という言葉が出るような習慣をしつけましょう。

一行実践ポイント

「ごちそうさま」をきっかけに、「労」を気づかせる話に発展させる

③ まだ「あるじ」が帰らない食卓で「あるじ」に向かって「いただきます」

「あるじ」の定義についてはさまざまな考え方があると思いますが、本書では、単純に「順番を尊重する」という捉え方で話を進めます。

例えば家庭内で、お父さんが稼ぐお金で家計が回っているのなら、お父さんが「あるじ」でしょうし、共稼ぎの場合も、今の日本社会の通例としてお父さんを「あるじ」と定めたほうが世間の常識と子どもは重ねやすいでしょう。

あるじが帰らない食卓で、あるじに向かって「いただきます」をすることは、外で働き、お金を稼いできてくれる**あるじの「労」を見過ごさない**、家でできる最良のしつけです。

先日、埼玉県屈指の進学高校に合格した道場の「卒業生」が、訪ねてきました（余談ですが、武道は親のすすめで幼い頃に始めたものですから、中学生になったら自ら選択した部活や学業に専念できるように、道場からの卒業をすすめています）。

ちょうど、30名ほどの後輩たち（5歳～12歳）の稽古がひと段落したので、彼に、武道を始めた5歳から受験合格までを振り返って、自分の成長を稽古と関連させて5分間スピーチしてみなさい、と機会を与えました。

すると彼は、受験の苦労話をするのではなく、道場のおかげで合格できた、具体的には稽古で身につけた感謝の心のおかげで合格できたと言うのです。

「おかげ」の言葉が何度も出てきたので、隣で聞いていた私は、「もう精神レベルは大人だな」と正直感じました。


では、「おかげ」に感謝する感性をどう授けるかについて話を進めましょう。

実は、方法は簡単です。**子どもに一番近い存在である親が、「おかげ」に感謝する言葉を使えばいい**のです。それも習慣として、心を込めて使いましょう。

お母さんが仕掛けられる、子どもにとって身近で意味を感じ取りやすい「おかげ」は、「お父さんのおかげ」です。

お父さんに感謝するお母さんの言葉は、「おかげ」の感性を子どもに授けてくれます。

子どもが、「まだ帰ってきていないのに、なぜお父さんにいただきますと言わなくてはならないの？」と聞いてきたら、話し合えるチャンスです。

先に述べた、お店の人に「ごちそうさまでした」を言うことは、食事を手伝ってくれた

「おかげ」に対する思いやりの声掛けですが、**そこにいない「あるじ」に対しての「いただきます」は「立場上優位な者」への礼儀を養成**してくれます。

また、「あるじ」がいる食卓では、古めかしいかもしれませんが、「あるじ」が箸をつけてから家族が箸を持つ、といったしつけもおすすめです。これは、将来大人になったときにビジネスシーンや師弟関係などで、気が利いていると評価されるポイントになります。

いくら仕事ができても、学校の成績がよくても、上下関係や主従関係にボーダレスな大人になっては、社会で恥をかいてしまうのです。

また、夫婦共働きで家計を支えている家庭も増えています。お母さんの帰りのほうが遅い場合だってあるでしょう。そのときは、「お母さん、先にいただきますよ」とお父さんが率先して言いましょう。お父さんがお母さんを思いやる気持ちが、子どものお母さんを思いやる気持ちをしつけることになるのです。

一行実践ポイント

いない人に謝意を表し、「あるじの労」を想起させる

④ 資本主義社会、出資者について徐々に教える

親が働いて子を養います。仕事で夕食の食卓に間に合わない、お父さんやお母さんに「いただきます」を言いましょう、と前項で話しましたが、そもそも、お金を稼ぐために帰りが遅くなっていて、お金を稼ぐから生活が成り立っています。
稼ぐということは、働いた対価としてお金を手に入れることだ、というお金を得る仕組みも子どもに教えていきましょう。

私たちが住む日本は、資本主義社会です。出資者が「主導権を握る立場上優位な者」です。この事実をわきまえて振る舞えることが、恥をかかない大人になるために最低限度備えたい大人資質になるのです。

出資者が主導権を握ることは当然なことだ、という事実を子どもの頃から、きちんと把握しておくほうがいいのです。

教育やしつけにお金を使うことは、子どもに対する「出資」でもあります。ですから、

教育費を稼ぎ出した親は教育の「出資者」になり、立場上優位な者になるのです。

「子どもはお金のことなど知らなくていい」という考え方もあるかもしれませんが、**伝えなくてはいけないことは、伝えたほうがいい**のです。

いつかわかってくれるだろうとか、大人になって親の苦労に気づいてくれたらそれでいい、などの「美徳」意識は捨ててください。

人生の様々な場面に置き換えて子どもの将来を想像し、社会人になったときの子どもの様子を思い描いてみてください。

お金についての教育を施したほうが、子どもが得することが多いのではないでしょうか。ですから、資本主義のこと、経済のことも徐々に教えましょう。

出資者の「おかげ」を知る感性を教育することはとても重要です。この感性が、出資者に対する「わきまえ」にまで発展していくには、お金の重要性を知る必要があります。

お金について教育するときに注意したいのが、**親がお金に対して持っている負の感情やイメージを伝えないこと**です。

大人になると、さまざまな経験をし、お金に関して嫌な思いをすることもありますが、

「お金は汚いものだ」と子どもには教えないほうがいいと思います。

人は自分を活躍させてくれるリーダーのもとに集まります。お金も同じで、活躍させてくれる人のもとに集まるのではないかと思います。

こちらがお金に負の感情を抱いていれば、お金だって嫌う人は避けるでしょう。

子どもたちはこれから、資本主義社会で生きていくのですから、お金を活躍させ、お金が集まってくる人になる必要があるのです。

資本主義社会では、出資者があるじです。あるじのおかげで、事業が成り立っています。「情報」という新しい資本も出てきましたが、情報を生かす基地である会社を設立することと、最低限の設備を整えるにはやはり、お金という資本が必要なのです。

自分で資本を調達できるのなら、自分が資本主義社会での「あるじ」。他人の資金で事業を立ち上げたのなら、出資者が「あるじ」になります。

一行実践ポイント

お金の出どころに感謝できる気持ちをしつける

⑤ 可愛がられ一目置かれる新人は、きちんと的をとらえた礼儀を知っている

前項で子どもの教育費を「出資」とみなした考え方をしました。子どもを育てることそのものが「出資」ということもできます。この場合、出資に対して入ってくる配当報酬は、出資者自身ではなく子どもを潤す形になります。

私立校で英才教育を受ける、名門校に進学するために塾や家庭教師へ謝礼金を払う、などを「出資」とみなせば、高学歴と能力を獲得した子どもは、平均の2倍3倍の生涯年収を得ることになります。親の「出資」ではありましたが、配当報酬は年収の差額として子どもが受け取ることになるわけです。

日常のいろいろな場面で考えてみましょう。外食先での些細な出来事によるひらめきが、子どものやる気に火をつけた結果、能力を獲得してその子が料理人になったのならば、親が外食というイベントに出資し、配当報酬を子どもが受け取ったことになります。

映画を観に連れて行く。世界遺産へ旅をする。コンサートや観劇のチケット代だって、

子どものために、と払ったお金は「出資」になるのです。

ひらめきは、いつどこで起きるかわかりません。だから**継続的な出資が必要**です。

そして、出資する場面が終わってからも、親の役目は続きます。

親には「現場責任者」の役目もあるからです。**出資によりひらめきの機会を与えるだけでなく、得たひらめきを活かせているかをチェックして、できたときは認めてあげ、できなかったときは叱ってあげる**のです。


とはいえ、出資はいつ起きるかわからないひらめきのためだけにしているのではありません。将来、わが子が上司にごちそうになった光景を想像してください。誰に言われることがなくとも、その場の出資者である上司に「ごちそうさまでした」と、すっと言える。これも、親が外食という出資をし、責任者として「おかげ」に感謝するしつけをしたから、身についたものです。

当然、わが子は「若いのによくできた新人だな」と上司に可愛がられるでしょう。これが、配当報酬となるのです。

外食をしたとき子どもは、店を出る前にお店の人に向かって「ごちそうさまでした」を言えていますか？　お店を出てから、今回の外食の出資者に向かって「ごちそうさまでした」をきちんと言っているでしょうか？　どちらも、親次第でしつけられる「おかげ」に対するお礼ですね。

先に登場した、道場の「卒業生」。彼のよさは「おかげ」をしっかりと認識し、先生のおかげで今の自分があります、道場のおかげで礼儀を身につけることができました、と恥ずかしがらずにきちんと感謝できることです。

言葉を理解しきれない幼齢期に身につけた技や心は「一生もの」の資質です。歩くことや、自転車に乗ることは、一度覚えたら体から離れない技術ですね。使わないと、多少「切れ」は鈍くなりますが、できなくはなりません。

きちんと的をとらえた「一生もの」の礼儀は、親が身につけさせ、礼儀を知っている大人に育ててあげましょう。

一行実践ポイント

親は、教育では「出資者」、しつけでは「現場責任者」に徹する

2 章

Rule 2

「思いやり」の行動を共にとる

1 互いに気づき気づかされるために、語り合うことから始める

社会を生き抜くには、冷酷さと非情さがある程度必要だと勘違いしてはいませんか。

1章で話しましたが、栄え続けるリーダーは、「立場上劣位な者」から好かれる「立場上優位な者」であることが条件でした。

厳しく叱責し、無理だと思う結果を部下に強引に求める割に、部下に好かれる上司がいます。そういう上司は、まず例外なく「思いやり」を備えています。

叱責の後、なぜ叱ったのか、君にはどう育ってもらいたいかを説くことを忘れません。成果を導くアドバイスを含めた激励のひと言や、時には差し入れも忘れないのです。

部下の気持ちをきちんと思いやれることは、上司として栄える秘訣です。

「思いやり」は、恥をかかない大人になるために最低限度備えたい大人資質のひとつです。

「思いやり」の心を相手に届けるのは、優しさです。わが子に人に優しく接し、人を許容できる心を持った大人に育ってもらいたいと望むのなら、**思いやりある行動を幼い頃から**

習慣化させること、思いやりの基準を教育すること、をしっかりと押さえておかねばなりません。

具体的に言うと、必要な場面で、さらっと思いやりの行動をとることが当たり前だ、という教育をします。それに加え、思いやりの行動をとる際にルールを持てるように教育します。

例えば、いくら相手を思いやって叱咤激励するにしても、言ってはいけないボーダーラインを知らないと、思いやりの気持ちが届く前に相手は傷心してしまいます。言ってはいけない言葉は相手を侮辱してしまうことになりかねません。

「侮辱は罪」というルール教育は、いじめる側にならない予防教育にもなります。

例えば、ネット上での卑劣な誹謗中傷、集団での罵声、声が届く距離での悪口……。いずれも現代社会に蔓延している、他人事とは言えない問題です。

万が一、わが子が「加害者」にでもなったらどうしますか。わが子を加害者にしないためにも、幼少期に思いやりを身につけさせたいものです。

私の道場の前に、身体の不自由なお子さんが通う学校の送迎バスのバス停があります。

私が道場に出勤する時刻と、送迎バスが到着する時刻が一緒なので、リフトで車椅子ごとバスから降りてくる子どもを出迎えるお母さん方と、会釈を交わします。

今日も学校から無事に帰ってきた子どもを、お母さんが愛おしそうに出迎える光景に、私はとても澄んだものを感じます。

親と子の原点が、この澄んだ光景にあるような気がします。その原点とは、「親子の縁」だと思います。「互いに気づき気づかされるために、間近で生活するご縁」と言い換えることができるでしょう。

親子を見送ると、私は道場に入ります。掃除など稽古前の段取りをすませ、道場中央で黙想し始めると、先ほどの「澄んだ光景」がまぶたの裏に浮かんできます。

同時に、昨夜目にしたあまりにも格差のある光景もまた、浮かんできます。私は、生業として飲食店を2店舗経営していますから、家族連れの外食場面を接客側の立場で見ます。

子どもが座敷に寝そべっても叱らない、周りに迷惑をかけたり、大声で泣きわめいても叱れない親のなんと多いことでしょう。

子どもが騒いでも、そのことをきちんと叱る親が付き添っていれば問題はないのです。きちんと叱れない親だから問題が生じるのです。

バスのお迎えに来ていたお母さんと、何が違うのか考えたとき、**親が親らしくないから、子どもはやりたい放題になり、しつけを備えないまま大人になってしまうのだ**、と気づきます。

「原因」があるから「結果」があるのが自然の摂理です。教育は、将来の子どもの姿の「原因」だと言えます。

「原因」がいいものであれば「いい結果」になる。**子どもにとって、「いい原因」となる、体験、考え方、技、習慣を授けましょう。**

その日に見たこと、感じたこと、ほんの些細なことで構わないのです。親が「いい結果」を意識して語り合うことで、子どもの心に生まれる「思いやり」は、子どもの将来を豊かなものにするに違いありません。

一行実践ポイント

いい将来のいい原因である「思いやり」をしつける

②

ほんの小さなことをおろそかにしないセンス

些細なことをおろそかにしないセンスは、思いやりには欠かせません。他人から見たら、どうでもいいじゃないかと思うことで、人は気分をよくも悪くもします。それは、**些細な言葉や態度から相手の心を読み取ろうとする**からです。

はっきり「嫌い」と言われれば、そうか嫌いなのかと割り切れたりしますが、些細な言葉尻やしぐさから、私のこと嫌いなのかな？　と感じる不安は、心に引っかかるものです。

この不安を感じたとき、気にならないように身をかわす処世術を会得した大人と違って、子どもは心が砕けそうなほどの衝撃を受けることがあります。

そのままにしておくと、クラスメートの思いやりに欠けた言葉やしぐさに対しての反応は、どんどん過敏になっていきます。心が砕けるとは、「補修」が必要なほどの傷心です。

心が砕けると、気の流れが悪くなるせいでしょうか、やる気と根気を失います。

いい気の流れとは、身体中のあらゆる道路をトラックがスイスイと走り、万遍なくやる気と根気が供給される状態だと、イメージしてください。逆に気の流れが悪いということは、何かしら交通渋滞を起こす原因があり、流れが停滞することです。やる気と根気を支えるエネルギーの供給が不足するのです。

砕けた心には「補修」という手間が必要です。

親は、子どもの些細な変化を見逃さないことです。

学校でのことや、友だちについて質問をしましょう。子どもが答えるとき、何かもっと言いたそうな表情や、諦めたようなしぐさをしていないか、敏感に子どもの不安を感じ取ってください。この些細な変化に親が気づけないと、子どもの心は砕けてしまいます。

そして、**何か変化を感じたら、ゆっくり時間をかけて悩みに耳を傾けてください。**

ここまでが、心が砕ける前にできる対策です。

次は、心が砕けてしまったらどうしたらいいか、についてです。

心が砕かれた状態のとき、自分を信じることができるでしょうか。それどころではない状態だと思います。

ですから、**子どもが周りから認められたと感じ、少しずつ自信を取り戻せるように仕掛けてあげましょう。**親や先生など、身近な大人にしかこの仕掛けはできません。

私の道場では、入門したてでうまくコミュニケーションのとれない子がいたら必ず、できるようになった技を、みんなの前で披露してもらいます。

上手にできたら大きな拍手。どうにかできたレベルだとしても、みんなの前で、最後まで恥ずかしからずにやり抜いたことをたたえ、「先生は認めるよ」と褒めてあげます。先輩たちも、「そうだ、よくやった」とたたえてくれます。

するとうまくコミュニケーションがとれずにいた子の瞳は輝き始めます。仲間に受け入れられた自分を少しずつ信じてもいいかな、と思うようになるのです。

子どもの**声のトーンと目の輝き、というほんの小さな変化を見逃さない**ことが何よりも重要です。

特に子どもの「いじけ行動」は、心が砕けそうだよ、というシグナルとして要チェックです。「いじけ」は、挫折の原因になります。

なぜかというと、いじけた状態では、周りの思いやりのない言葉やしぐさに過剰反応してしまい、周りに対して刺激的な対応をしかねないからです。

気にしなければいいい、と心の健康な人は思うでしょうが、「いじけ」という感情に心を覆い尽くされた状態は、過剰反応が特徴なのですから気にしないことは無理なのです。いじけた状態になったときに、子どもが自分で対処できるよう、幼い頃から感情の処理を訓練しましょう。**感情に振り回されたときは、心の奥深くを観察する習慣**をしつけます。**人間とは、ほんの小さなことでも、タイミングや心の調子が悪いときには大きく影響を受ける**ものだ、ということを教えていくことが大切です。

自分がうれしいと感じる些細なことを認識させ、その些細なことを人にしてあげれば相手もまたうれしくなる、ということをきちんと伝えることから始めましょう。

次に、自分が嫌だと感じる些細なことを認識させ、その些細なことを人に向けて絶対にしてはいけない、と教えます。

この語り合いで知り得た心の仕組みを頼りにして、子どもは自分の心の中を探索します。心を感じ、心を見つけ、心を自身の力で練る「心づくり」を始めるのです。

一行実践ポイント

声のトーンと目の輝きのわずかな変化を見逃さない

③ 1日1個「思いやり」を報告し合えば親子の絆は強くなる

1日1個でも親子で「思いやり」を報告し合うと、親子の絆は深まります。

「思いやりを報告する習慣」はすなわち、**「思いやりを見つける習慣」**です。自分が行なった思いやり、誰かが誰かにしてあげた思いやり、誰かから自分に向けられた思いやりを見逃しているようでは、報告する「ネタ」を用意できません。

「思いやり」とは、些細な優しさと些細な寛容、この2つに集約されます。**自分から外に向かう思いやりは「優しさ」で、相手を受け入れる思いやりは「寛容」**です。

「優しさ」と「寛容」に毎日目を向けていると、心は確実に健全な方向に成長します。

人間というものは、知らず知らずのうちに思い違いや心得違いを積み重ねていますので、我を張らずに、相手を受け入れる思いやりを意識することは大切です。

ただ、「受け入れる」ことと放っておくことは意味が違います。

例えば、子どもが周りに迷惑をかけるほど大声で駄々をこねたとき、子どもの気持ちは受け入れて、周りに迷惑をかけたことを叱ります。

気持ちをうまく表現できない子どもが、親に対する不安を気づいてもらうために、必死のアピールをしたのかもしれません。だから親は、子の心そのものは受け入れる必要があります。受け入れて、自分が子どもに不安を与えていなかったか省みたうえで、周囲に迷惑をかけた「行為」を叱るのです。

子どもの心をケアするには、親の反省と懺悔が必要なのです。この点をきちんと押さえることが、親にとって一番必要な資質だと思います。


大好きなお父さんとお母さんが語る「思いやり」は、子どもにとっては、赤ちゃんの頃に抱かれていたのと同じような、愛に満ちた実感をもたらすと思います。

また、ストレスの多い社会生活をする親にとっても、子育て期にきちんと子どもと向き合うことで、自身の心を健全な方向にキープできる利点もありますから、「1日1個思いやり報告」は、親子ともに成長できる実践法です。

この方法は、親子間にも「思いやり」を生んでくれます。

当たり前のことですが、親子は互いに好き同士です。「思いやり」の話を聞くのですから、ますます好感度は向上し、お互いに尊敬の感情が芽生えます。

感心と尊敬は喜びとなり、そして喜びを与えるということは「思いやり」です。だから、親子間に思いやりが生まれ、絆が強くなる、という仕組みなのです。

また、1日1個の報告で「思いやり」についての理解も深まります。「思いやり」という「心の些細な動き」が活発になり、それぞれの思いやり能力が高まります。

子から親へ、親から子へ、親子相互の「思いやり」が深くなるわけです。親子共々、理解を加速した思いやりは、親子のつながり感を強くします。

この「つながり感」は、勇気の源です。勇気を振り絞るときを想像してみましょう。勇気は、何かにチャレンジする際に発揮するものです。それには必ず結果が伴います。もし、悪い結果だったらどうしよう、と不安がよぎることもあります。

この不安は、自分への疑いです。疑いは、不安に勝るほど強く自信を持てないから、発生します。この自信を補ってくれるものが「つながり感」なのです。

例えば組織に所属している人は、「俺は、あの組織の一員と認められている。だから、通用するはずだ」「何かあったら、組織が応援してくれる。だから、冒険してみよう」と、大きな組織との「つながり感」を自信にします。

子どもにとって、何かあっても守ってくれる、と信じられる存在は親だけです。親との「つながり感」が、子どものチャレンジを支えてくれるのです。

「思いやり」の報告に、ネタ不足はありません。「植木が大きくなって鉢が窮屈そうだから、大きめの鉢に植え替えたよ」「泣いていた赤ちゃんをあやしたよ」という些細なことで構わないのです。

自分の行動だけでなく、映画、ドラマ、マンガ、小説、童話、先生の話してくれたエピソードなど、「思いやり」を感じた内容を親子で報告し合うのもいいでしょう。

「泣ける感動もの」の映画やドラマを、親子一緒に鑑賞することを特におすすめします。親子で泣いてください。

子どもが泣いているシーンでは、できるだけ一緒に泣き、親が泣きたいシーンでは、恥ずかしがらずに思いっきり泣きましょう。

子どもは人生経験不足ですから、大人の泣く意味がわからないかもしれません。「なぜあそこで泣いたの？」という問いには真剣に答えてあげてください。子どもにとって、人の心の話を真剣に聞くお稽古になります。

話をするだけでなく、例えば、おばあちゃんからおもちゃを買ってもらったら、うれしい気持ちを文章で記したはがきや手紙を送るなど、行動するのもいいでしょう。

些細なことですが、受け取ったおばあちゃんにとっては、孫からのプレゼントです。おもちゃを買ってくれたおばあちゃんの思いやり、そのおもちゃで楽しめたうれしい気持ちを、文章で記したはがきや手紙で伝えるという子どもの思いやり。おばあちゃんは、うれしくてきっとまた孫を思いやるでしょう。素晴らしい「思いやり」の連鎖ではないでしょうか。

一行実践ポイント

1日1個、「思いやり」を報告し合う

④

「置き換えカード」で客観性を養成する

私の道場では、「置き換えカード」法で自分を相手の立場に「置き換える」こと、もしくはあらゆるパターンでの「置き換え」を子どもに課すことで、客観性を養成しています。

武道には、相手の機先を制するという心理的な技術があります。相手の心を読み取ると言ったほうがわかりやすいでしょうか。

相手の心を読み取るためには、相手の中に入る感覚をイメージします。

この感覚は相手の立場に立って考え、感じる、「思いやり」と似ているので、思いやりの心を養成する教育にもなるのではないかと思い、この取り組みを始めました。

道場での稽古に導入している「置き換えカード」法は、画用紙に大きな字で「置き換え」の課題を書いて子どもたちに見せ、自分がその状態になりきる想像をしてもらう方法です。

そして、想像の中での体感を、言葉にして発表してもらうのです。

例えば、課題が「本」だとします。本になりきって、本はどう考え、どう感じているだ

ろう？ と、本の気持ちを想像します

自分を本に置き換えた体感を、小学5年生の生徒は「早くみんなに読んでもらいたいなー、と思った」とみんなの前で語ってくれました。

この子は、書店で売れ残っている本になりきったようです。早く読んでもらいたい、と「本が思っている」と感じたのでしょうね。

親子で「置き換え」を楽しむには、画用紙大の「置き換えカード」よりも、「置き換えノート」（ページを上下に分ける線を引き、上部に親が課題を大きく書いて、下部に子供が体感を言葉に変換したものを記録する）のほうが使い勝手がいいでしょう。

「置き換え」の順序をまとめてみます。

①「置き換え」の課題を提示する（親）
②課題を説明する（親）
③静かに座って目を閉じ、設定された状況を想像して、対象に「心」を置き換える（子）
④置き換えで味わった体感を、言葉に変換し、発表する（子）
⑤発表した内容を、記録する（親）

③の想像する時間は、30秒から始めてください。回数を重ねるごとに慣れてくるはずですから、徐々に時間を縮めましょう。

20秒、15秒、10秒と縮めていき、5秒を目標にします。5秒で発表できるようになると、日常会話でも気の利いた例え話がすぐに浮かぶようになるでしょう。

親が自分の発表をメモする姿は、インタビューを受けている気分になれるのか、子どもの発言意欲を向上させる効果があります。

また、親が自分をしっかり見てくれている、尊重してくれている、という安心感と満足感を子どもは持つことでしょう。

課題には、前述の「本」のように自分を物に置き換える入門編の他に、初級編、中級編、上級編、と段階があります。

初級編では、感情が置き換えを邪魔することを体験します。稽古では、いじめっ子・いじめられっ子に自分を置き換えました。

このように対人をテーマにすると、子どもたちは物に「置き換え」たようにはいかないようで、気づきを多く発表できなくなります。

自分にとって苦い経験（いじめられた経験、いじめを見過ごした経験）にはできるだけ蓋をしておきたい感情が伴います。この感情が、「置き換え」を邪魔することを話して聞かせましょう。

感情とは何か、人の思いとは何か、ゆっくりと心の話をするチャンスです。繰り返すうちに、少しずつ置き換えできるようになります。そのとき、子どもは感情について、人の思いについて、心についての理解が進んでいきます。

中級編では、他者同士の関連性を探ってみます。お父さんをお母さんに置き換える、など自分以外のものを自分以外のものに置き換えます。

上級編では、対象に置き換えた「自分」が、本当の自分を見ているという設定で、入門編、初級編と同テーマで行ないます。いずれも客観性の養成につながります。

例えば、自分を雲に置き換えます。雲は地上の自分をどう見ているでしょうか？　小学6年生の生徒が「体感したこと」の発表は次の通りです。

雲に置き換わった「自分」が地上の自分を見た。地上に立っている自分からは雲の中の「自分」が見えているので、「自分」と自分が見つめ合っている感覚が生まれた。

小学3年生の男の子が黒帯に昇段する際に提出した作文にも、「置き換えカード」法についての感想が記されていましたので紹介します。

空手で習ったことで好きなことのひとつは、「おきかえ」です。

なぜかと言うと、先生が一つひとつのかだいを出して、その物に気持ちをおきかえると、自分がその立場に立ったらどう感じるかがわかって、何にでも心があるように感じておもしろいからです。

人の気持ちを理解できる能力を、今すぐ持ってもらいたい、と願うのは親心です。**相手の立場に立って、気持ちを自分が体感しているかのように思いやり、取るべき言動を選択する能力を身につける**ことは、恥をかかない大人になるために重要です。

一行実践ポイント

置き換えノートを活用し、子どもの発表をメモする

⑤ 対象に置き換え、些細なことに気づくことが「思いやり」

「思いやり」のある人は、人から好感を持たれます。職場でも可愛がられ、技術を習得させてもらえるし、チャンスにだって恵まれることでしょう。

私がなぜ「置き換え」を推奨するのか、もう少し詳しくお話ししてみます。

昨今、ネットの普及で情報過多の時代に私たちは生きています。子どもたちの「自分で感じたことを自分で紡いだ言葉で話す能力」の衰退を阻止すること、「自分の言葉で話す能力」が飛躍することを願い、「置き換えカード」法は生まれました。

思いやりと客観性を養成することで「自分の言葉」を話せるようになります。実際、「置き換えカード法」の発表はすべて自分の言葉です。

この方法では、あらゆる対象に自分の心を置き換えます。投影する、に近い感じだとご理解ください。**心の立場を「移動」させて、対象がどう考え、どう感じているかを体感的に想像し、推測する感性への刺激**です。

些細なことをおろそかにしない気持ちで、対象を察することが「思いやり」です。

課題に沿った心の置き換えは、「いつも使う領域より奥深くの心」にアクセスするので、自分の心の動向を注視するようになります。

いつもは見たものを見たまま判断する心を使っていますが、見たものの中に入るイメージをしたり、見たものの立場に立って考える取り組みは、いつも使っている心より奥深くの心を使うことになります。

そうすると、普段よりも気づくことが多くなります。**沈思黙考できる落ち着きが生まれ、思慮深くなるのです。**

また、「置き換え」の設定に出てくる、1人称（僕、私）、2人称（君、あなた）、3人称（彼、彼女、あれ、それ）の区別を、明確に理解するようになります。

君、あなた、彼、彼女の立場から「私」を客観視するので、客観性が養われます。

さまざまな立場の人間がどのようにつながり、利害の感情を含むどのような思いで結ばれているかについて、認識が聡明になります。

「置き換え」は、感じたことを言語化する取り組みですから、**気づきを言葉として表現する力も養成**できます。

そして、将来的にビジネスの世界で、消費者目線、観客目線に立つ必要が生じたときの演習にもなります。ビジネスシーンでの営業、イベントシーンでの演出などで、お客様の反応を想像する力にもなるでしょう。

実はプロと呼ばれる人たちは、誰もが同様の手法を使っています。顧客のニーズを把握するなどは、まさに置き換えです。

子どもの頃から、相手のニーズとウォンツを読み取る、プロ的なセンスを鍛えられる点が、この方法の実効メリットです。

一行実践ポイント

プロ的思考法、「置き換え」を身につける

3 章

Rule 3

大人は大人、子どもは子どもを徹底し、「この子はこの子」を徹底してしつける

① 大人が大人らしくあるために変わる努力をする

私は若いとき、神戸で道場住み込みの内弟子修行をしていました。当時、道場には50名近い子どもが通ってきており、修行には、自身の鍛錬のほかに、子どもたちに空手を手ほどきする業務もありました。

私は子どもと接しているうちに、自身の鍛錬よりも、子どもに教えるほうが自分には向いていることに気づきました。

空手を通じてこの子たちによくなってもらいたい、という単純な気持ちで、指導法の工夫をしたり、道場に宿泊するお泊り稽古をしたり、と一所懸命になりました。

そして行き着いたのが、家庭訪問です。学校の先生がそうするように、家庭訪問をすれば子どものことをもっと知れるだろう。知ることで、よりその子に合った指導をできるはずだろうといった、純粋な気持ちでの取り組みでした。

全員の家庭訪問を終える頃、ある確信を得ていました。**子どもは親に似ている**、という当たり前のことです。雰囲気、言葉遣い、荷物の整理の仕方など、そっくりなのです。

よく、弟子は師匠に似るという話を聞きましたが、それも本当のことです。元々、技を継承しようと志して弟子入りします。技だけではなく、身のこなしや振る舞いは似てきて当然ですが、やがて性格も師匠に似てくるのです。

このことに気づいたとき、私は「これだ！」とひらめきました。子は親に似る、弟子は師匠に似る。似る仕組みを教育に活かせるのではないか、と思いついたのです。

しつけのコツは、はっきりとひと言でまとめられます。それは、**「親が変わる努力をする」**ことです。子は親に似るのですから、**子どもをしつけたいと思うのなら、親が模範になれるように変わる努力をするしかない**のです。

なぜ、親も変わり続けないといけないのか？　それは、変わろうとしている親を真似て、子どもも変わろうとするからです。

道場で実際にあったエピソードをお話しします。

試合前の特訓の時期のことでした。熱心なお父さん方が、子どもを車に乗せて道場にやってきます。

稽古が熱を帯び、子どもたちのやる気が絶頂に達したそのとき、道場の入口あたりで、お父さんが同じく付き添いで来ていた別の親御さんと談笑する声が聞こえました。

稽古をひと段落させた私は、そのお父さんの近くに行き、「私は真剣にあなたの子どもに稽古をつけています。子どもも真剣です。たかが見学かもしれませんが、真剣に見ることができないなら来ないでください」と、怒鳴りました。

そのお父さんは、一瞬、唖然とした顔になりました。学校はもちろん、他の習い事でも、親に対して先生が怒鳴るなどありえないのでしょう。

間をおき、そのお父さんは「先生、すみませんでした」と謝ってくださいました。

それから、そのお父さんは変わりました。たびたび道場を訪れ、「うちの子は、先生にお任せしました。立派な男に育ててやってください」と挨拶して行かれるようになりました。

すると、子どもが変わり出したのです。それまでは、不まじめな態度のときや弱気になって泣くときもありましたが、お父さんが変わって以来、子どもは別人になりました。

その子は「お父さんから、先生の言うことをちゃんと聞いてこい、といつも言われます」と話していました。

きちんと挨拶をする、大きな声で返事をする、嘘をつかない、自分のことは自分でする、弱い者いじめをしない、困っている人を助けてあげる、忘れ物をしない、服をきちんと着る、友だちと仲よくする……。

人として当たり前に備えたいことは、保育園、幼稚園、学校で、嫌になるほどしつけられています。しかし、どうでしょうか、耳にタコができるぐらい聞いたことなのに、人はなかなか実践できないでいます。

なぜなら、しつける側が実践していないからです。だから、小手先のテクニックの伝達だけで終わってしまうのです。それでは子どもがやり出すはずがありません。

親が心を入れ替えたことで、子どもが見違えるほど変身を遂げる例は、私の道場ではしつけ成功家庭の共通事例になっています。

子どもの変わらなくてはならないところがわかっているのなら、**変われるように、まず親が心を入れ替える努力を始めるしかない**のです。

親自身が変われたと感じたそのときに、子どもにしつければいいのです。

一行実践ポイント

小手先の技の伝達よりも、親がしつけたいことを先に実践する

②

お子様の「様」をはずすが親心

社会は平等である、というのは理想ですが、現実社会には序列もあります。ですから、縦社会で守るべき礼儀についても、きちんとしつけましょう。

心の中に「ごちそうさまでした」「ありがとうございました」という感謝の念（心）があっても、お金を出してくれた人に伝わらなければ（技）、感謝の気持ちは伝わりません。

ですから、**「心」のしつけと、相手に聞こえるようにタイミングよく発声できる「技」のしつけの両方が成功してこそ、気持ちが相手にうまく伝わる**わけです。

縦社会で守るべき礼儀を教える利点は、ひと言で言うと目上の者に可愛がられる点です。生意気で、目上の者に対するわきまえがないようでは、夢に近づくチャンスが巡ってくる回数は減少します。

昔から「郷に入っては郷に従え」、と言います。ある集団に入るならその集団のリーダーに従うことが大切です。この仕組みを親がきちんと教えることも、しつけなのです。

ここから、序列を家でしつける方法を、いくつかご紹介します。

①「あるじ」の座るところを決める

王様の席、裁判長の席、議長の席……あるじの席を決めることは、権威の再認識にもってこいです。深く考えず、歴史的に伝承されている「型」として実践します。

家庭内であるじの席を決めることは、現代では非日常な取り組みだと思います。最初のうちは違和感があって当然ですが、それが当たり前の風景になった頃、こういうことだったのか、と納得できる機会が必ずあるものです。

席の配置には多種多様のしきたりがありますが、基本的に上座は入り口から一番遠い奥、床の間があればその付近です。自宅の居間の上座を「あるじの席」と決めましょう。

可能なら、そこにソファーもしくは、座椅子を置くことをおすすめします。あるじがその場にいなくても、その存在を意識しやすくなるからです。あるじが不在のときにでも、あるじの座るところには、あるじ以外は座らないように徹底するとさらに効果的です。

②食事とお風呂の順番も「あるじ」を一番に

親の行動は、子どもに自然と「行動のモデルパターン」として記憶されていきます。序列で守るべき、礼儀のモデルパターンを家の風習でしつけましょう。

そのためには、食事やお風呂の順番を序列通りにすることが効果的です。「立場上劣位な者への配慮として、小さい子に先に与えるほうがいい」という発想も間違ってはいません。ですが、小さい子だからと特別扱いするのは、赤ちゃんである2歳前までと区切ったほうが賢明です。「三つ子の魂百まで」と言うぐらいです。見たことや身体で覚えた「行動のモデルパターン」は一生つきまといます。

モデルパターンにない行動をとるためには、いちいち理性を働かせなくてはなりません。そうなる前に、**社会の常識に沿った「行動のモデルパターン」を家で実践し、身につけておきましょう。**

飽食の時代になった昨今、食事のありがたみを感じにくくなりました。

1章でも述べましたが、食事の出資者に「ごちそうさま」が言えることは、序列の中で守るべき礼儀を知っている証拠です。

序列で守るべき礼儀を知らない人は、社会に出るとはじかれる可能性が高まります。家族揃って食事をするときは、あるじから先に箸をつけることを日常化しましょう。

お風呂も同じです。一番風呂はあるじから入るもの、と習慣づけます。水には「清める力」があります。その「力」を「あるじ」に最初に享受してもらいたいと思える心こそ、序列の中で守るべき礼儀として具現されます。その「礼儀」を目上の者は見ています。

③お子様の「様」をはずすこと

出掛けた先で「お子様」と呼ばれたら、子どもが「自分は偉いんだ」と勘違いする前に、「あなたはまだ、様と言われるような身分ではないよ」と、説明してあげましょう。「様」という敬称は、人をリードする力を持っている人につけられるものだ、と教えます。努力をして「様」と呼ばれるのにふさわしい人になりなさい、という話もしましょう。

④家族でのお出かけの際、子どもは先に玄関で待つ

外出の際、子どもが先に玄関で待つようしつけることです。これは、社会に出た際に役立つしつけです。上司と一緒に出張に出かけたとき、宿泊したホテルに集合する際、部下が上司より先にロビーで待つのは当たり前なのです。

⑤10歳になったら、よその大人とは敬語で会話することをルールにする

敬語は「訓練」で身につきます。数多くの子どもたちと接してきて、「訓練」を始める

ちょうどいい時期は10歳頃だと感じています。

道場での指導経験で気づいたことですが、10歳になると、技術の説明を頭で理解します。だいたい、10歳を境にして言葉を使いこなすレベルに成長するようです。その結果、言葉で理解しただけでわかった気になり、実際に身につけようとする本気が薄れてしまうのです。

その点、9歳までの子は、技術の説明を言葉ではほとんど理解できませんから、私の見本を真似しようと本気になり、自然と身につけてしまいます。

もちろん個人差はありますが「赤ん坊」扱いを恥じらう年頃もまた、10歳前後です。恥じらい始めが、大人扱いを始める好機なのです。

親子での敬語使用はさておき、よその大人とは敬語で会話するようにしつけましょう。「大人は大人、子どもは子ども」のわきまえを持たせる効果を望める取り組みです。

一行実践ポイント

序列の中で守るべき礼儀をしつける

③

しつけの伝え方

ここでは、しつける側の能力について考えてみましょう。

「伝える人」によって「伝わり方」が変わります。伝わり方は、伝える人の能力とお互いの間にどれだけの信頼感があるかで決まります。親と子どもの間であっても同じです。

しつけとはひと言で言うと、**「親の伝えたいことではなく、子どもが伝えてもらいたいであろう習慣」**のことだと私は考えます。

子どもが成長し誰かと出会うさまざまな場面で、この人はきちんとしつけられて育ってきたな、と一目置かれる「習慣」です。

しつけにも、絶好の機会があります。何度も言いますが、それは2歳から9歳の間です。先ほども述べましたが、この年頃までは、言葉の理解よりも伝わってくることを心で感じ取る年頃だからです。

心で感じ取って身体で覚えたことは、意識的に注意しようと気をつけなくても、当たり前にできます。これが、親が子どもに授けられる無形かつ不滅の財産なのです。

そして伝え方については、子どものタイプに合ったしつけをすることが大切です。

子どもだけではありませんが、人は大きく、**配りたい人（譲る人）**と**集めたい人（奪う人）**に分かれると思います。

「配りたい人」とは、自分の力（利益や気持ちなど）を配ることが好きな人です。**相手に喜んでもらうことを優先させるタイプ**です。

このタイプは**競争意欲の喚起よりも、援助意欲の喚起に反応**します。福祉、教育、奉仕関係の仕事に適応するタイプです。

もうひとつのタイプである「集めたい人」とは、自分に力（お金、人気、名誉、権力、利益）が集まることが好きな人です。**相手よりも自分のことを優先させるタイプ**です。

このタイプは、**援助意欲よりも競争意欲を刺激する**ほうがいいでしょう。競技、商売、投資関係の仕事に適応するタイプです。

私は、これまで約３００人の生徒に空手道の稽古をつけてきました。すると、それぞれのタイプの子の違いが、はっきりと見えてきました。

配りたい人は、組手なのに相手を気遣ってしまいます。

集めたい人は、相手を打撃することに何の躊躇もありません。

例えば勉強習慣をしつけたいとき、配りたい子どもにはこう伝えるといいでしょう。

「将来、たくさんの人を助けるのには、力が必要だよ。力をつける方法は勉強だよ。毎日、コツコツと勉強をやり続けることが、力をつけるために今できることだよ」

集めたい子どもにはこんな言葉が効果的です。

「一番力をつけた人が、人の上に立つことになるよ。人の上に立つと、みんなの中で何かをやろうと決める役目ができるよ。さあ、力をつけるのは勉強だよ、今度の試験でまずは、○番を目指そう」


兄弟姉妹でも、タイプが違います。**兄弟であっても、伝え方によって「伝わり方」が違う**、ということを忘れずにしつけをすることが重要です。

一行実践ポイント

それぞれのタイプにそれぞれのしつけをする

④ 兄弟姉妹それぞれに合ったしつけ

前項で、兄弟姉妹それぞれ伝わり方が違う、と書きました。**親が、兄弟姉妹はみなタイプが違うのだ、という理解をできるだけ早く持つこと**が大切です。

特に母親は、子どもに公平に接したいという気持ちがあるため、しつけに関しても習い事に関しても「同じもの」をさせてあげたいという思いを持ちやすいものです。

ですが、タイプが違うのに「同じもの」という考え方は少々危険です。

私は、夫婦は逆のタイプと結ばれ、自分の不足に気づいていくものだと考えています。

逆タイプの夫婦から生まれた兄弟姉妹です。父親に似ている子がいれば、母親に似ている子もいます。兄弟姉妹でタイプが分かれるのは必然なのです。さらに、祖父母に似る隔世遺伝ということだってあるのです。

先ほど、タイプを2つに分けました。本当はもっと多種多様だと思いますが、子どもには、この2つで対応するところから始めるといいでしょう。

「配りたいタイプ」は、自分のことよりも周りを思いやる優しい気持ちの持ち主です。特に、第一子に多いようです。のんびり長男と、ちゃっかり者の次男という兄弟がいますが、その場合の長男がこの典型だと思います。

そんな子には、競争を強要せず、勉強なら、「人の役に立つようになるにはもっと勉強をして力をつけよう」、スポーツや武道の稽古なら、「他人を助けられるぐらいの力持ちになるには強くなければね、だから身体を鍛えておこうよ」と諭します。すると、鍛える意味を納得するのです。

優しい性格のこのタイプの子どもは親のことも思いやりますから、親が競争心を煽るほどに矛盾を感じつつも、親のためなら、と頑張ります。この場合の矛盾とは、人に勝ちたいという欲求はないのに、勝つための作戦に沿った特訓をすることなどです。

この場合、「配りたいタイプ」の子どもは、本音を抑えている分、ストレスをため込んでしまう危険があります。ですから、タイプに合ったしつけが大切なのです。

「配りたいタイプ」の人は、穏やかな性格です。そのまま磨くのを怠ると「ただのいい人」に育ってしまう可能性があります。これでは、子どもの才能を親が伸ばせなかった、ということになります。

鍛える意味を本人に納得させ、上手にモチベーションを維持させてあげましょう。

「集めたいタイプ」の子は、競争心を煽る言葉で刺激してあげてください。勝っていい評価を自分に集めたい、注目を集めたい、という心理を上手に引き出してあげるのです。

ただし、個人の身体能力や運動能力、競技センスには個人差があるため、勝ちたいという意識の度合いと結果は、比例するわけではありません。

「勝つこと」を最終目標にするのではなく、勝ちを目指して頑張って勉強、練習した過程を重視して、しつけをしてください。「頑張れるという習慣をしつけている」ことをくれぐれも忘れないようにしましょう。

どちらのタイプにも共通するのは**「心・技・体」の3つをバランスよく鍛える**ことです。

バランスよく鍛えるには、スポーツや武道がおすすめです。要点は、耐性を養うための鍛えであることです。

心の耐性は、特にコミュニケーション力につながります。

今、「おとなしい男子」が増えています。おとなしい男子とは、精気を感じさせない男子、野生ならとても生き残れそうにない「ひ弱さ」を感じさせる男子です。

物質的に豊かな時代の産物かも知れませんが、今のような物質的な豊かさが保障されなくなったらどうするのでしょうか。

幼稚園、小学校、中学校、高校、大学、就職……。ここまでは列の前の人について歩いて来ればよかったですが、万が一、列から外れたときに、対処できないのでは困ります。

人との交流で学びとる心の力は、特に育ててあげてください。そのためには、志ある仲間の中に放り込むことが一番でしょう。**同じ目標を持った同年代の仲間と心をぶつけ合うことで、心の耐性（頑張れる習慣）がついてきます。**

次に技です。**技は、その習得にこだわるのではなく、習得までの過程で自分なりのコツに気づくことが一番重要**です。

例えば、挨拶という「技」で考えてみましょう。大きな声で相手の目を見て深く頭を下げる。という「形」にこだわるよりも、相手が気持ちよくなるよう、こちらの姿勢と言葉をタイミングよく届けるといった「コツ」に気づくことが大切なのです。このコツさえ身につけば、挨拶はもちろんのこと、会話にも応用できるのです。

最後に体力です。これは、ハードなスポーツで鍛えることがいいように思われがちですが、これも危険です。

子どもには心肺機能が強い子とそうでない子がいます。心臓が強い子は、ハードな体力面の訓練がさほど苦ではありませんが、心臓が弱い子の苦しみは、心臓が強い子の比ではありません。

それなのに、根性がないだとか、頑張りが足りない、歯を食いしばる気力が見られない、となじられたら、心臓が弱い子はたまったものではありません。

何かを習わせようとするときには、その子がハードなスポーツ向きがどうかも見きわめましょう。日常、激しい動きをしたときの顔色、回復力を見てください。

では、どう体力を鍛えたらいいかというと、**毎日継続できる些細なことを休まないでやること**です。

例えば、朝起きたら縄跳びを50回やる、家の近くを早歩きぐらいの速度で散歩する、スクワットを毎日20回する、正座し、定めた秒数に合わせて腹式呼吸をするなどです。

こんなことでも毎日続けると、体力はつきます。

一行実践ポイント

タイプ別にしつけることを常識にする

⑤ 親が親らしくなれば しつけはうまくいく

道場を開設し、早いもので12年の歳月が過ぎようとしています。その間、師である私に一度も挨拶に来なかった父親が多いのにはびっくりしました。

わが家では子どもの習い事は母親の分担だ、と言われてしまえばそれまでです。しかし子どもの心まで育てようと、保護者にも臆せず苦言を呈する気概の師に対し、「お世話になっています」「ありがとうございます」のひと言を伝えられない父親を残念だと感じます。

仕事では大人らしい行動がとれるのに、父親の立場ではなぜ、大人らしく振る舞えないのでしょうか。それは、親としての責任感不足と「こちらがお金を払っているから」という心得違いのせいではないかと思います。

親が見せる大人らしい礼ほど、子どもにとって印象に残る礼儀の授業はありません。**まず親が「大人らしく」**なって、しつけに説得力を持たせたいものです。

親が大人らしければ、子の反抗期への対処で損をしなくてすみます。

個人差はありますが、母親には母性本能があるため、反抗期の子どもに文句を言いながらも、心の根っこから嫌気がさすことはありません。

しかし、父親には母性本能はありません。生意気な言葉や攻撃的な態度で反抗してくる我が子に対し、まともに受け取ってしまい、距離を置いてしまうことがままあるのです。

特に男の子は、父親を乗り越えねばという焦燥感から父親に迫っただけなのに、というパターンが多々あると思います。

父と子の間にできた「距離」は、人生の上でもったいない時間です。

私自身も、15歳から十余年父親と距離がありました。自分が父親になり、道場で幼い弟子たちに稽古指導する立場になったから理解できるのですが、子どもの反抗期は、今は仕方がない、と父親が「大人らしく」我慢して寛容に受け止めるしかありません。

反抗期は子どもの成長過程に起こる「儀式」のようなものだと思い、「儀式」が済むまでじっと辛抱、でいきましょう。

大人だから偉いとか、先生だから親だからしつけができると勘違いした、上から目線のしつけは通用しません。

なぜかというと、しつける側の心が子どものそれに比べて優れているとは、一概には言えないからです。確かに親は大人ですから、多くのことを知っています。

しかし、**知識が豊富なことと、心が優れていることはイコールではありません。**

しつける側の親に優れた心がない場合、素直にしつけられる子どもはどこにもいません。親が自身の心を謙虚に振り返り、不足を感じたなら心を学び始めましょう。

例えば、「いただきます」の意味を再考し、「ごちそうさまでした」をお店の人に言う、家のあるじに対する姿勢を正す。思いやりの行動をとる……子どもにしつける前に、親である皆さんは、それらが実践できているでしょうか?

特に、家のあるじに対する姿勢は重要です。**「あるじ」への尊敬を家族が共有すること**で、家の秩序は回復します。

お母さんが「お父さんを尊敬しようね」と子どもに話してあげるのです。仕事から帰ってきたお父さんには、家の中の空気の変化がよくわかります。

自分は働いてお金を稼いでくる役割分担だから、と尊敬されていない空気を感じつつ諦めていた父親も、「お仕事お疲れ様でした。お帰りなさい」と感謝の気持ちが込められた空気で出迎えられたら、うれしくてそれだけで「もっと頑張るぞ」とやる気が出るのです。

家庭内の空気が変化することの効果は、お父さんのモチベーションが上がるだけではありません。

・**あるじへの感謝の気持ちを育める**
・**生きるにはお金が必要だ、というお金に関する教育を施せる**
・**あるじは別格だという認識を植えつけられる**

などの効果が期待できます。

あるじと従う者がいて社会は構成されているということを、きちんと習う機会はあまりないのが現実です。

学校では、みんな平等という教育が中心で、序列をしつけられません。けれど、いざ働き始めると、この社会は、主従で成り立っています。社長と従業員がその最たる例です。序列について家庭内で伝えることができていれば、自分の立ち位置を認識し、わきまえる感性も育むことができます。この感性は、将来、分相応を受け止め、地に足がついた思考をする能力につながります。

一行実践ポイント

親が大人らしくなることから始める

4章

Rule 4

行動規範としての形式ルールと、心の決め事としてのポリシールールをしつける

① 「ルール」をつくる側の視点に子どもを立たせてしつける

親子で共にできる「遊び」の代名詞と言えばキャッチボールが挙げられます。親が投げたボールを子どもが受け止め、そのボールを今度は子どもが親に投げ返す。親子でひとつのボールに目線を揃える時間を持つことは、とても大切なことです。**親子の「心が重なる」ことで、コミュニケーションを高める作用がある**からです。「心が重なる」とは、同じ思いを共有することです。

しつけるとは、本音のところ、親の考え方をしつけが身についていない子どもに「押しつける」ことです。ですから、コミュニケーションが良好でなければ「押しつけ」を受け入れる気にはなれません。

そこで、キャッチボールのような「遊び」をいっぱいしてあげて、子どもとのコミュニケーションをはかることを怠けてはならないのです。

「遊び」の中で、親は子どもが約束を守るかどうか、どのくらい真剣か、能力はどのくらいか、と観察します。

きちんと決まったところにボールを投げようとしているか？

ボールを丁寧に受け取って、心を込めて投げ返してくるか？

肩の筋力の強さ、持久力などはどうか？

子どもの足りない点をキャッチボールという「遊び」の最中で察知し、補ってあげる対策を、次の「遊び」に取り入れることが親の役目です。

子どももまた、親のことを観察しています。キャッチボールをしながら親のしぐさまで気にしています。

面倒くさがって、仕方なく遊んでやっている、という親の気持ちは、子どもに伝わってしまうものです。ですから、遊ぶときには、親もまた、やる気を喚起して、子ども以上に楽しんでしまうことが大切でしょう。

その方法として、「遊び」の中にしつけを取り入れることをおすすめしています。

親子で遊びを楽しみながら、しつけをするのに最適なのが、キャッチボールの「ルールづくり」です。

相手の胸に向かってノーバウンドでボールを投げ、ボールを受けたら速やかに返球し、それを繰り返す、というキャッチボールの「ルール」は、もうすでに古くからあるものですが、子どもと共に話し合いながら、さらに「つくりあげ」てしまうのです。

どんなに単純な「遊び」にも「ルール」があります。遊びの前に親は子どもに「ルール」の説明をします。これだと、ルールの「押しつけ」ですから、子どもの創造力をなんら刺激しません。

「ルール」を守る側に立ったままの話には、子どもはうんざりしています。保育園、幼稚園、学校、親から嫌というほど押しつけられているからです。

だから、「押しつけられたルールを守る」のではなく、「自分でつくったルールを守る」体験を積ませながら、「ルール」に対しての意識を喚起するのです。

そこでおすすめするのが、「ルール」をつくる側の視点を持たせる取り組みです。「遊び」に限らず、何事でも**行動をとる前に、守るべき「形」を決める**のです。

はじめは親がヒントになる言葉を使いながら、子ども自身がルールづくりができるように導いてあげましょう。そこから徐々に、子ども自身の手だけで、創造できるようにしていきます。

例えば、キャッチボールであれば、終わった後のミットとボールの片づけのルールを決めましょう。「片づけ」という行動で守るべき決め事を、子ども自身がつくるのです。

「ミットは、汚れを落としてワックスで磨く。軟式ボールは洗って陰干しする」こんな簡単な「行動規範」をつくるだけでも、しつけにつながります。あとは、**自分で決めたことを子どもが継続的に実践すれば、「自分で決めたことをやり続ける性格」に育つわけです。**

子どもが自分でルールを決めたら、それを再評価するように、少しだけ親が介入します。例えば、ワックスがけをもっと工夫できないだろうか、と決め事を工夫させます。すると、子どもは「ルール」をつくる側の視点に立って考えることになってくるのです。

また、親とするキャッチボールの時間を決めさせることも「ルールづくり」になります。「第1、第3日曜日の朝8時から10時はキャッチボールをする」など、家庭内の「ルール」を、子どもに委ねてつくらせてみましょう。その場合、**親は子どもがつくった「ルール」を尊重して守る**ようにしてください。

一行実践ポイント

子どもに「自分でつくったルールを守る」体験を積ませる

② 創作しりとりの「ルール」づくりで、リーダーシップを刺激する

前項でも述べましたが、ルールを守る側用のしつけを子どもは聞き飽きています。ですから、「これをやれ」、「あれをやれ」と押しつけるしつけではなく、**しつけられるその内容が自分にとって必要なこと、と子どもに実感させる工夫**が必要です。

細かなルール一つひとつだけでなく、「ルールとの関わり方」も、子どもに「必要」と実感してほしいことのひとつです。

しかし、関わり方をしつける前に、「ルールがあったほうが、うまく物事は運ぶ」という「ルールの意義」を認識させないことには、関わり方にまで子どもが興味を示さないのは当然です。

意義を知るためには「ルール」を自らの手でつくり、意義を確認するのが一番手っ取り早い方法です。

親子で「しりとり」をして、「ルール」をつくることから始めつつ、意義を認識できる

ように誘ってみましょう。

「しりとり」は、キャッチボールと同じようにコミュニケーション効果が期待できます。言葉のキャッチボールなしでは、しりとりにならないからです。

親のほうが言葉の数を多く知っていますから、「遊び」の中で子どもに「大人はさすがにすごい」と思わせることもできます。

今回の「しりとり」では、自分を置き換えたイメージ上の世界に見えるすべての名前を使用できるという、創作ルールを親子で一緒に設定しましょう。

当たり前すぎてさらっと飛ばしてしまいそうなことですが、このとき、**「ルール」をつくったね、と親が子どもにきちんと認識させる**ことが重要です。この認識がしつけ成功の秘訣です。

まず「しりとり」に使用できる言葉の範囲を決めます。つまり、自分の居場所をどこに置き換えるかを決める、ということです。

例えば、子どもと一緒に定めた範囲が「アフリカの野生の王国」だとします。あくまでも「自分がイメージするアフリカ」で構いませんし、自分が空想でつくり出した、架空の動物が出てきてもいいのです。

それでもまったくイメージがわかない場合は、図鑑を眺めたり『ライオンキング』のDVDを観たりして、不足している「情報」を補いましょう。

範囲が決まったら、子どものイメージが鮮明になるように仕掛けます。

どうやってアフリカに移動するのか、どの季節、時間帯のアフリカに移動するのか、子どもが頭の中にアフリカの情景、匂いを浮かべられるように言葉を尽くします。

このようにして、場所、時間、季節、さまざまな「ルール」を自分たちでつくったことで、しりとりの面白さが増す実感を子どもが得た、と感じられたら親はルールの意義を説きます。

ルールをつくる前よりも楽しく遊べるようになったね、と話してあげるのです。この言葉で、子どもは**「ルールをつくると楽しく遊べる」**と学びます。

ルールには「つくる側」と「従う側」がいます。**知恵と力を持ったルールをつくる側が、集団を「リードする側」**だという事実を伝えましょう。

これは、大切なことなのにほとんどの方が教えていません。子どもの立場で考えてみると、「ルールづくり」のしつけを受けたか受けなかったで、将来リーダーになりたいという意志を早期に芽生えさせるか、埋もれたままにするかの差につながるかも知れません。

では、具体的にリーダーシップのしつけ方をお話ししていきます。

まず、子どもにルールをつくる側、つまりリーダーになりたいかと問います。

もし、リーダーはめんどくさいからいやだと返事が返ってきたら、「誰かについていくだけでいい？」と聞いてください。

そして、社会とはルールをつくる側がリードするものだ、という仕組みについて話しましょう。「従う側」になったら不利なルールであっても従わなければならない、それが嫌ならリーダーになるしかない、という仕組みです。

子どもには難しい話かもしれませんが、ゆっくりと根気よく話してあげてください。また、リーダーになりたいと思ったなら勉強をいっぱいして心も体も鍛えて、まずは知恵と力をつけていこうよ、と子どもの気持ちが前向きになるようにも話してあげてください。

一行実践ポイント

人生においてとても大切な「ルール」づくりをしつける

③

心に決めたルールを持つようしつける

勉強に努力するよりも、できるだけ怠けることが得だ、という価値基準を持っている人。お金儲けのためなら冷徹になれる人。反対に、怠けることはいけないことで、勉強に努力することが大切だ、という価値基準を持っている人。

世の中にはさまざまな人がいますが、それぞれの人がそれぞれのポリシーやモットーのような、各々の心に決めたルールに沿って行動を選択しています。

ここでのルールとは、法律に適している、公序良俗に反していない、といったものばかりではなく、「自分のやり方は自分が決める」という、個人の中だけで通じるルールのことです。

子どもがどんな大人に育つかは、2歳から9歳頃までに観て聞いた、ポリシーやモットーの影響による、と言っても過言ではないかもしれません。

昔話や絵本の読み聞かせは、まさにポリシーやモットーを伝えるための取り組みと言えます。

2歳から9歳頃までの間に、子どもがポリシーやモットーといった心に決めたルールを持つようにしつけていきましょう。

心にルールを持つことは、自分の使命を認識することや、将来の職業選択にもつながっていきます。子どもに対して頻繁に、「自分の役割とは何だと思うか」を質問してあげてください。

子どもが、自身の役割をなんとなくでも思い浮かべられるようになったら、その役割を達成するためには、15歳のあなたは何ができていなくてはならない？　20歳のあなたはどうあるべき？　30歳、40歳では？　と問い掛けるようにしましょう。

この問い掛けに答えられるようになると、心に決めたルールは「志」になります。

「しつける」と「教える」の区別について、考えてみましょう。

「しつける」とは、身体に染み込むレベルまで求めることであるのに対して、「教える」とは、頭で理解するレベルまでを求めることです。

「しつける」は、恥をかかない大人に育てる責任感を伴う指導であるのに対して、「教える」とは、習う側の心構えに責任を押しつけることができる指導です。

当たり前の話ですが、試合でのできばえは稽古の量と質で決まります。同様に準備の質と量で人生のできばえもだいたい決まってしまいます。だから、「恥をかかない大人になるための資質」を早い段階から体に染み込むように、準備して「しつける」のです。

しつけとは、親が子どもの将来のためにすることです。

子どもが早いうちから「志」を持つことができれば、子どもは将来のためにその分多くの準備ができるのです。

一行実践ポイント

子どもの将来のために「志」までしつけよう

④ 小グループの「行動ルール」をつくらせる

前項では、個人的なポリシーやモットーをつくるしつけについて、お話ししました。子どもを「ルールをつくる側」に育てる次のステップとして、小グループの「行動ルール」をつくらせてみましょう。

私の道場では、子どもたちをグループ分けし、技の履修や研究、そして大掃除での畳あげなどを、グループリーダーに「丸投げ」します。

「丸投げ」されたリーダーの創造意欲を高めるためです。「丸投げ」されたリーダーは、グループをまとめて成果を上げるために、稽古や掃除の方法を決める必要に迫られます。ルールに「従う側」ではなく、成果を上げるためにルールを「つくる側」に、立ち位置を変えざる得なくなるのです。

丸投げされたグループリーダーがつくり出すものが「行動ルール」です。

「つくる側」になったら、人を喜ばせるためにもっと何かできないだろうか、と「従う

側」の人は考えなくてもいいことを考えなければなりません。

子どもに対して、「従う」だけを求めていては、子どもの可能性を低減させるばかりです。リーダーの仕事をマニュアルで示し、従うだけの経験で終わらせる現代の教育の傾向はもったいないと思います。

特に教育に関わる大人たちは、持ち回り制のリーダー仕事に慣れてしまっています。子ども会や学校の業務は、リーダーの仕事でも持ち回りで繰り返す仕組みです。

新しく配属されたどの校長でも、入学式や始業式を執り行なうことが可能なように「リーダーが従う」マニュアルが準備されています。

そのため、リーダーとは「リーダー用のマニュアルに従う人だ」と錯覚してしまい、当たり前のように子どもにもそう教えてしまうのです。

幼少年期の教育では、ほとんどの子どもが人生の基礎となる時期に、「従う」ことしか学べない環境にいると言えます。マニュアルに「従う」だけが常識かのようにして幼少年期を過ごした子どもの大多数は、「つくる」ことを知らないまま育ってしまうのです。

ですから道場では、**「行動ルール」の創造意欲を刺激する**ことに力を入れています。

しつけとは、恥をかかない大人に育つまで、責任感を伴って施す指導です。

幼少年期のしつけが人生の基礎になることは疑わざる事実ですから、今の時代の教育に欠けている部分を、親御さんがフォローするしかないのです。

親が「今の教育は従う教育ばかりで、行動ルールの創造意欲をかき立てる教育が欠けている」と気づいて、前もって対処する必要があります。

その対処に、「丸投げ」は効果的な方法です。

まずは、今度の日曜日の家族の「行動ルール」（家族という小グループ全員が日曜日、わがままを言わずに守らなくてはいけない決め事）を子どもに「丸投げ」してください。

ただし、子どもが企画段階で安易な発想で結論を出さないよう、一部「やり直しあり」の「丸投げ」です。方法は至ってシンプルですので、是非挑戦してみてください。

①両親の取り決め

「ルール」の創造意欲をしつける目的で実施することを、両親が確認しておきます。不慣れかつ、あくまで子どもがつくる行動計画ですから、不備な点も多いでしょう。

防策です。

「丸投げ」の趣旨を両親が忘れて、途中で親の思いつきで変更を加えたりしないための予

②子どもに伝える

子どもを呼んで、このしつけの趣旨はあえて話さず、日曜日の家族イベントの「行動ルール」をつくるよう「丸投げ」します。

子どもが理由を聞いてきたら、「いつも親が考えてばかりだから、君が考えると面白くなるかも、と思ったんだ」とできるだけシンプルに伝えます。

つくれないと言う子どもの場合は、丸一日のスケジュールではなく、午前中の3時間だけとか、もしくは、お昼の外食だけという形に時間を短縮してあげるといいでしょう。

③でしゃばらない

賢い親は、企画書よろしくタイムフロー表の作成を教えてしまいがちです。それでは親が用意したマニュアルに「従う」中で、行動スケジュールをつくったようなものです。これでは「丸投げ」とは言えません。

親は、帰宅の時間と上限予算を提示するだけにしましょう。

④食事と予算のみ親が決裁

2つの決裁受領を義務にします。食事面は母親、予算面は父親から。ただし、「丸投げ」

ですから、アドバイスはしません。親の発言で使っていい言葉は「やり直し」だけです。

⑤楽しむこと、喜ぶこと

当日は、子どもにとって力試しの1日です。親は見守るスタンスを守りましょう。

わが子が創造した家族向けの「行動ルール」です。笑顔でおおいに満喫しましょう。

⑥評価

帰宅したら、褒めてあげます。不足に感じたところを話す必要はありません。幾度か繰り返すうちに、熟練してきます。

不足していたところは、次回の「丸投げ」の際に、本人の力で気づくように遠まわしにヒントを示しつつ「やり直し」を命じます。厳しいようですが、これがしつけです。

⑦親だけで総括

趣旨に沿った成果がどれだけ得られたかを、パートナーと話し合います。次回の「丸投げ」の日取りも決めておきましょう。

一行実践ポイント

家族の日曜日の「行動ルール」を子どもにつくらせる

5

「ルール遵守」は、長い目で見ると得になる

ここでは、技術を習得する際に守らなくてはいけない基本を、「ルール」だと捉えてみます。

ルール遵守は、長い目で見ると得になるのだ、ということを私が理解できたのは、約40年に渡り武道人生を歩んだおかげです。

私自身の経験と修行時代の同輩たちの経過、そして道場で教えた約300名の弟子の成長を見て、**初心者の頃に基本をしっかり身につけないと、一定レベルで進化が止まる**という事実を学んだからです。

入門時に一所懸命基本を身につけた人の、黒帯を取った後の技の進化は別次元でした。

武道の基本履修と、幼少年期における「ルール遵守」のしつけは、まるで同じだと思います。ですから、子どもには、自分勝手さを戒めることとルール遵守をしつけてください。

ここでいうルールとは、行動規範としての形式的ルールと、ポリシーやモットーなど心に決めたルールの両方で、大きな括りだと「常識」のことです。

常識をわきまえている人のことを「大人」と呼びます。ルール遵守は恥をかかない大人に育てるのになくてはならないしつけです。

では、しつけるべき常識について詳しくみていきましょう。

私の場合、母親に言われ続けたルールはただひとつでした。それは、弱い者を助けてあげなさい、ということです。

具体的には、弟を大事にしなさい、弟を守ってあげなさい、でした。何度も言われ続けたので、成長の過程で弟を大事にしてきました。今でもとても仲のいい兄弟です。

私よりも弱い存在である子どもたちを助けてあげたいという思いから、道場を続けられているのも、母の言葉の影響だと思います。

つまり、私は母親がしつけたルールを遵守した人生を送っています。これは私だけのことではなく、**誰しも幼い頃に刷り込まれたルールに影響されます**。

となると、しつけるべき常識は吟味して選択したほうがいいですね。

私の場合、母から受けたのがもしも「強い人に媚びなさい」というしつけだったならば、弱い者に目は向かなかったかもしれません。

やはり、**しつけるべき常識は、子どもが一生持ち続けていいもの**にしたいですね。

この先も子どもが守り続けることで、人格的にも成長でき、周りからも一目置かれる素養になるであろうしつけが望ましいです。。

今も将来も〝恥をかかない〟ようになるためには、どのようなしつけの常識を選択すべきでしょうか。

心技体、人格、共に優秀な弟子たちは次の3要素を共通して持っています。

自分の心を律するルール「克己」
先生の話を遵守しようというルール「謙虚」
研究工夫を惜しまず履修するルール「努力」

「克己」を養うには、自力で朝起きられるようにするところからしつけ、「謙虚」を養うには先生の教えてくれたことを親子で復習するところからしつける。そして「努力」を養うには、毎日反復するところからしつける必要があります。

ここにもうひとつつけ加えたいのが、**「道徳に添ったルール」**のしつけです。

「友だちに優しく丁寧に話し掛けようね」
「公共の場所では、自分が使っていないスリッパも一緒に揃えようね」

「人が喜んでくれることをしてあげようね」

などです。道徳に添う内容は、すぐには目立った成果をもたらしませんから、親は辛抱強く見守る覚悟が必要です。

テストでクラス一番になれ！　とか、今度の試合で何がなんでも勝て！　と急いで成果を望むような言葉を使えば、親がそう求めるのだから、子どもはそうするために必死になります。

この場合、親の心には道徳に添う内容よりも、親自身が子どもの出した結果で喜びたいという「我」でもある報酬要求の心理が働いています。

なかなかこのことに親は気づかないものです。

親が遵守したいルールは、**見返りを求めない、子どもの将来のためだけを考えた愛で、子どもをしつける**ことではないでしょうか。

一行実践ポイント

すぐに成果が出ないしつけほど、あとあと実る

5 章

Rule 5

芸術鑑賞で「ゆっくり深く感じる心」をしつける

①

美術館や博物館を活用し、「ゆっくり深く感じる心」をしつける

しつけがすんなり心に入っていきやすい状態、というものがあります。しつけというのは、備わっていないことを備わるように働きかけることですから、できないことを身につけさせるお稽古と性質が似ています。

稽古を教育にどう生かすかを日々研究している私は、稽古としつけを、同一に考えています。しつけられやすい状態は、稽古を効果的に受け入れる状態と同じだと思うのです。

それは、とてもシンプルな**「ゆっくり深く感じる心」が働いている状態**です。備わっていないことを備わるように働きかけるのですから、急いでささっと扱ったのでは理解することはできないのです。

ですから、ゆっくりと深く、身体に時間をかけてなじませながら染み込ませるベースが必要です。この、受け入れることのできるベースを身につけさせることが、「しつけの基礎」になります。

しっかりした基礎、土台がないと、しつけても根づきません。〝恥をかかない大人に育

てるための10の基本ルール〟が成り立つためには、**「しつけの基礎づくり」**が肝心です。

そこで、提案したいのが、美術館と博物館での「芸術鑑賞」で「ゆっくり深く感じる心」をしつけるという取り組みです。

2～9歳の時期の子どもは、親を自分の一部のように思っているのではないかと感じます。親の考えていることを、子どもは感じ取っているのだと思います。

付き添いのお母さんの顔色が悪い日、お子さんの稽古の動きは不思議なことに鈍ります。子どもは親のリズムに同調するという性質を持っていると考えられます。

この性質をしつけに応用しましょう。

親が、「ゆっくり深く感じる心」の状態になり、その状態のまま子どもと、時間と空間を共有すれば、子どもはその状態を感じ取り、身につけていくと考えます。

子どもが幼稚園に上がるくらいの年齢になったら、美術館や博物館に出かけましょう。それも、各展示室に係の人がいるような特別展がいいでしょう。

できれば、空いている日時を調べて、丸々1日スケジュールをとります。鑑賞は、「ゆっくり深く感じる心」をしつけることが目的ですから、作品と距離をとったり縮めたりし、時間をかけたほうがいいのです。

会場の雰囲気が、子どもの「ゆっくり深く感じる心」のしつけによい影響を与えることでしょう。

私の息子は、展示品ごとの説明文を丁寧にノートに書き写す子でした。作品をもっと知りたい、という彼の心を感じた私は、説明文の書き写しを根気よく待ちました。

どの作品を観ても感動できるレベルの特別展は少し高めの鑑賞料ですが、しつけのためなら安いものかもしれません。子どもに最高の芸術を観せてあげましょう。

入場前には、周りの人の鑑賞を妨げないように、大きな声で話してはいけない、走ってはいけない、作品に触ってはいけない、などの鑑賞マナーを守るように伝えることを、忘れないでください。


鑑賞しながら子どもには、「作品をゆっくり深く感じてみよう」「作品の向こう側を観てごらん、向こう側っていうのはね、作者が作品に込めた思いのことだよ、どんな気持ちで何を伝えようとしてこの作品をつくったか考えてみようか」「作品の記憶を、頭じゃなくて心の底のほうに収めてごらん」などの言葉で語りかけましょう。

そして子どものへその下あたりを指で軽く押さえ、「このあたりに丹田があるの、その丹田の奥にカメラがあると思って、そのカメラでこの作品の写真を撮るイメージをしてみて」と続けましょう。

丹田とは、身体の重心を指した呼び名です。姿勢を正しつつ重心に意識を集中させると、偏りがなくなり身体がリラックスします。

身体がリラックスすると心も落ち着いた状態になり、冷静なイメージができるようになります。

「ゆっくり深く感じる心」をしつけるには、**丹田を認識させ、丹田からイライラした気持ちや飽きてしまう気持ちなど、ネガティブな気持ちを流し出す**イメージが効果的です。

鑑賞後は余韻に浸りながら作品についての話題を親から仕掛けてください。

ゆっくり深く感じる心、つまり「しつけの基礎になる感性」が働いているとき、しつけは効果的に受け入れられるのです。

一行実践ポイント

丹田を意識して、「ゆっくり深く感じる心」を身につける

② クラシック音楽で「心の奥深くを見つめる習慣」をしつける

私は、クラシック音楽を「心の奥深くを見つめる習慣」のしつけに、活用できると考えています。胎教とクラシック音楽の関係から得た発想です。

クラシック音楽は母の精神的な安定が胎児に好影響を与える、とも言われています。

前項でお話しした、美術館や博物館で芸術を鑑賞することと同様に、クラシック音楽のコンサートも、非日常的な落ち着き体験です。ホールには独特の空気が流れています。

純真無垢な子どもが、2時間近くその「独特な空気」を吸い、観客たちが「ゆっくり深く感じる心」を作用させて、音を体に染み込ませるかのように目を閉じて鑑賞する雰囲気に影響を受けたなら、クラシックコンサート会場は、まさに感性を稽古する道場です。

コンサート前に、または休憩時に前項でご紹介した、丹田を意識するアドバイスをしてあげてください。

今回は、丹田の奥に耳があるとイメージさせます。「丹田の奥に耳がある、とイメージして、そこで聴いてみよう」とアドバイスしましょう。

もうひとつ、クラシック音楽をヒントにして施せるしつけをご紹介します。

クラシック音楽について、こう話してあげてください。

「クラシックの音を、命の呼吸のようで、宇宙の風の音のようだと言う人もいるよ」

「聴いていると、なぜか故郷に戻ったような懐かしさを感じる、という人もいるよ」

「クラシック音楽というものは、生まれてくる前から聴いていた『天国の音』だと表現する人もいるよ」

このような話をして、併せて丹田の奥の耳をイメージさせると、子どもはどんどん神妙で落ち着いた雰囲気に変わっていきます。

この**落ち着くということが、心の奥深くへのアクセスには必要不可欠**なのです。

「心の深さ」についても説明しましょう。

まず、心の奥深くとは反対の「浅い心」は気軽に使っている感情です。好き、嫌いなどコロコロ変わる心です。

嫌いだった上司を、褒められたことをきっかけに好きになる、そのような気ままな感情です。

「奥深い心」とは揺れない感情です。叱られようが、怒鳴られようが、褒められようが、ご馳走していただこうが、びくとも揺れない師匠への尊敬の気持ち、などです。

クラシック音楽を聴いて「心の奥深くを見つめる習慣」をしつけることで、子どもは深層心理にある自分の本質に気づき、本質である天性を表現できるようになると思います。クラシックコンサートは未就学児不可という場合もありますので、その場合は、ＣＤやテレビで放送されるクラシック番組をご活用ください。

一行実践ポイント

丹田の耳でクラシック音楽を聴いて「心の奥深く」を見つめる

③

坐禅で落ち着きをしつける

坐禅は、①**姿勢をととのえる**、②**呼吸をととのえる**、③**心をととのえる**、という3つの基本さえ最低限押さえれば、誰でも親しめるシンプルな修行法です。

慣れないうちは、じれったさとの闘いかもしれません。じっと坐っているだけですからつまらなくなるのです。でも、その壁を乗り越えることができたら、不思議な覚醒を味わえます。覚醒とは、「ランナーズハイ」のような気持ちよさのことです。

我慢できない、キョロキョロして気が散る、じっとしているのが苦手、な子どもを坐禅にトライさせて、我慢できる子、一点を見つめられる子、じっとできる子に変身させましょう。

変身には本人の納得が必要です。それには、**じれったさの壁を乗り越えたときに味わう気持ちよさ**が、絶大な説得力を持ちます。**落ち着くことは気持ちがいいことだ**、だからじっとしようと気づくのです。

私の道場の稽古では、開始時と終了時に坐禅をしています。

道場生の中には、正座して目を閉じてじっとする、という経験をそれまでしたことがなかったという子もいますが、そんな子ほど早く変わったりします。

ある子は、幼稚園で落ち着きがなく、いつも動き回るので周りに迷惑をかけていました。ところが、道場に入門し、坐禅や私の講話を正座でじっと聞く体験をしたら、半月で改善し、園の催しでじっと座っていられたと喜びの報告をいただきました。

坐禅の取り組み方について、まず①の姿勢から説明しましょう。

背骨を柱に添わせるように、胡坐《あぐら》で座ります。お尻の下には座布団かクッションを敷きましょう。

手は、手のひらを上に向け左右の4本の指を伸ばした状態で重ねます。特に薬指をきちんと伸ばすと、背筋が伸びます。その状態で左右の親指の先端をつけます。

親指と4本の指の間を三角形にし、へその下にある丹田を包むイメージで下腹部に密着させます。肩甲骨を背骨に向けてやや下方に引き合わせる感じにすると肩が下がります。

両肘で胴体を軽く挟むようにし、肘を脇腹につけると脇が締まり、姿勢のブレを予防してくれます。

もう一度、背骨と後頭部が柱に沿っているかを確かめます。壁によりかかってはいけません。1〜2メートル前方の、目線が水平になる高さにアナログ時計を置き、秒針の動きを凝視します。椅子の上に時計を置くと、子どもの目の高さくらいになります。

怖い目でにらむのは疲れますので、力を入れない程度でじっと見ます。


次に②の呼吸です。心の中で数を数えながら行ないましょう。吐く時間と吸う時間の比率は、2対1を目安にしてください。

舌の先端を上あごにつけて口は閉じ、鼻から吐きます。できる限り、下腹（丹田のあたり）を引き締めてください。目線は時計の秒針を追いかけると、ひとつのことに集中し続けられ、落ち着きが出ます。

吸うときは、例えば池に小石が落ちてできる波紋のように、丹田を起点に輪が広がっていくイメージで、吐くときに引き締めていた下腹の緊張を解きます。

すると、横隔膜が緩んで肺の体積が拡がり、自然に外の空気が体内に入ってきます。

胸に力を入れて吸い込むというよりも、**リラックス状態をキープしたまま肺の隅まで空気を迎え入れる感じ**です。

吐く時間を6秒、吸う時間を3秒、吸い終わったら1秒止める。合計で1回の呼吸を10秒で終えると、1分間で6回、5分で30回できる計算になります。

慣れてきたら、ひと呼吸の時間を倍の20秒にしてみましょう。

最後に③の心の説明です。空気の出入りだけではなく、**雑念までも「吐き出す」イメージ**を持たせることにトライしてみましょう。

子どもにとっての雑念とは、ひとつの取り組みに集中できない思いのことです。例えば、じっとすることに取り組むとき、すぐに退屈してゆらゆらする、周囲が気になってキョロキョロするなど、じっとするという目的を阻害する思いを雑念と言います。

息を吐くのと同時に、雑念を丹田の奥から流し出すイメージです。丹田をお風呂の排水口に見立てて、水を流し出す様子を思い浮かべます。

子どもはイメージが上手ですから、試してください。

吸うときには、丹田から体内にすがすがしい気が流入してくる様子をイメージします。

1日5分でいいのです。親子で挑戦してみましょう。

一行実践ポイント

落ち着き養成に最適な坐禅で、5分間の丹田腹式呼吸法に挑戦する

④ テレビ、ゲームの**時間**をリサイクル

子どもたちの大切な時間を簡単に奪い取っていくものがあります。テレビとゲームです。取り決めでテレビ鑑賞の時間とゲームで遊ぶ時間を制限しましょう。強制ではなく、話し合いをしてください。時間制限をする理由をきちんと告げて、納得してもらいます。

テレビに費やす時間を制限すると、その時間を子どもの本分である勉強に使えます。だらだら意味なくつけているテレビの前で、ボーっと過ごした1時間を勉強に使うと、1日30ページの読書ができる、ドリルなら6ページ解ける。月、水、金は読書で、火、木、土はドリルをやろう。そして、次学期の国語と算数の成績を1段階ずつ向上させてみよう、と**1時間の使い方と週間計画と学期スパンでの目標**を親子一緒に設定するのです。

未就学児の場合は、テレビに費やす時間を制限したことで生まれた時間を、親とのおしゃべりや、家のお手伝いに使えるようになります。

ゲームに費やす時間を制限することには、楽しまされ過ぎないという利点があります。ゲームには、子どもたちを虜にする魅力があります。その魅力とは、能力ある大人たちが考え抜いた、子どもの心をわしづかみにしてしまう優れものです。

ずっとゲームをしていると、魅力に取りつかれて没入します。何人か友達が集まったのに、各自が持参したゲームをやっている姿を公園で見かけると、首をかしげたくなります。

身体を動かし、泥まみれ汗まみれになりながら仲間同士で喧嘩と仲直りを繰り返すことで、友情は育まれます。**運動機能や人と人の間に生じる様々な問題への対応力は、実際の経験を通して培っていくもの**です。

道場では稽古前と終了後、年中から小学6年までの子どもが一緒になって、鬼ごっこやじゃれ合いっこをしています。

入門したての幼い子がお兄ちゃんにちょっかいをかけます。私は口出ししないことにしています。あまりにも調子に乗った幼い子は、お兄ちゃんに軽々とやられます。でも、それが遊びの中の学びだと思っています。

幼い子が泣くこともありますが、私は、「ちょっかいを出したお前が悪い」と、気にも留めません。もし、先輩が感情を出してやり返していたら、それはそれで「感情を出したらただの暴力だぞ」と叱ります。これでいいのです。

幼い子は、上には上がいることを知り、大きい子は限度を知ります。**人と人が交流するから、成長の機会を得る**のです。感情のぶつかり合い、ライバル同士の刺激、話し合ってのルールづくり、などなど、もっと子どもが人と関わる機会を増やすことを、大人が仕掛けることが必要だと感じます。

その一環として、**時間の使い方を改善**しましょう。

テレビ、ゲームの時間を削減し、空いた時間をまずは勉強にあて、次に人との交流にあてるのです。人との交流は、家族との会話の時間を増やすところからです。

本書には、親と子どもの会話を通してのしつけを、たくさん書きました。しつけの時間をもっとつくりましょう。

親子の会話の機会が十分に増えたら、外の人との交流です。年齢、立場の違う多くの人と関わる機会を与え、しつけに効果的な交流を心掛けましょう。

一行実践ポイント

テレビとゲームの時間を親子での会話の時間にする

⑤「心の奥深く」をしつけてから、マナーをしつける

マナーの存在に気づくのは、遅いよりも早いほうがいいです。社会にはマナーがあるということを、幼少期にしつけてあげましょう。

大人になり、出世するほどに品格が求められます。企業なら一般的なマナーを身につけているのは出世の最低条件でしょう。マナーは〝恥をかかない大人〟の「必需品」です。

私は、これまでの道場での教育の経験から、**しつけの良し悪しで子どもの可能性は開閉自在**だと確信しています。

だから、美術館やクラシックコンサートなどの非日常空間に子どもを連れて行き、「こんな世界もあるよ」と見せてあげてほしいのです。

親が慣れた世界だけを教育環境として与えるのではなく、子どもの可能性を広げるような環境に意識的に連れて行ってください。

それぞれの世界にそれぞれのマナーが存在します。わが子が、どんな世界に行っても恥をかかないように、マナーを身につけ守る意識と、実際の作法を今からしつけましょう。

マナーをしつけるには、まず親がマナーを守る姿を見せます。

子どもは親の言動と振る舞いを真似します。例えば、道場に入門した場面。親が先生に「うちの子をよろしくお願いします」と深々と頭を下げる姿を見せたら、子どもは先生に深々と頭を下げることに何の抵抗も持ちません。

つまり、師に対するマナーのしつけになっているのです。

道場に入場する際に「お邪魔します」とか「失礼します」とお辞儀できない親、「先生、お世話になっています」と礼を伝えられない親がいます。

見学するときにガムを嚙み、脱帽しないで勝手に写真やビデオ撮影を始める……これらの行為もマナー違反です。

ここまで述べてきたように、「心の奥深く」で感謝、思いやりの心を持ち、自分の立場をわきまえて、ルールを守ろうとしたなら、当然わかることでしょう。

例えば、公衆トイレの使い方をしつけるとします。

「ピクニックで急にお腹が痛くなったときを考えてごらん。公衆トイレがあったらありがたいね」と感謝し、「次に使う人のためにきれいに使おうよ」と思いやります。

「公衆トイレは、自分のトイレじゃないよ。みんなのものを借りているからにはきれいに使おうね」と、立場をわきまえて「水は流しておこう。トイレットペーパーが無くなったら補充しよう。汚してしまったら自分で掃除しよう」と、社会のルールを伝えます。
このように4つの観点で説明してあげたら、どこかの話でピンとくるはずです。

子どもは、知らないからマナーを守らないだけです。親が心の奥深くに「人らしい心」でのものの見方と考え方をきちんとしつけてあげたら、マナーを守れるようになります。大切なのは、**しつけと親自身の行動を一致させ、模範となってあげること**です。
親子は、しつけを施して技術と心を授ける師と、しつけを受ける弟子の関係です。子どもは親の姿勢、素振り、言動、そして心までも、ずっと稽古している弟子なのです。

一行実践ポイント

感謝、思いやり、わきまえ、ルールに絡めてマナーをしつける

6 章

Rule 6

「決める」を決める

①

究極のしつけは「決めて、続ける」力

わが子を〝恥をかかない大人〟に育てるためのしつけの「特効薬」を、ひとつ挙げて、と言われたら、私は**「子どもに、朝の自力起きと朝の掃除をしつけること」**を挙げます。

約300名の幼少年の教育に携わり、彼、彼女らの成長を見守ってきた経験でつかんだ究極のしつけは、**朝の習慣づくり**だと言いきれます。

自力起きと朝の掃除のセットは特におすすめです。朝の習慣を実践し、毎日できるようになったときの子どもを想像してみましょう。自律した姿、つまり心のコントロールができた姿をしているのではないでしょうか。

しつけは、あらゆる局面で恥をかかないですむ、思考と言動を備えさせるためにありますから、**「どんな状況でも思考と言動を律することができる心」のしつけは不可欠**です。

眠いけれど我慢して自力で起きる「自力起き」と、続ける意義を見失いやすくても「朝の掃除」を継続させる葛藤は、まさに目的を射抜く矢のようなものです。

この2つをしつけるのに効果的なのが「お母さんの時間割」作戦です。

何時に起きて、洗濯機を回して、お弁当のおかずの調理と箱詰め、掃除などなど、お母さんの朝の家事を学校の時間割のように紙に書き出してみます。

それを子どもに見せながら、「お母さんの朝の仕事でどうしてもこの部分（例えばトイレ掃除とか、お父さんの靴磨き）を手伝ってほしいな」と子どもにお願いします。

「○○が手伝ってくれると、お母さん朝ご飯のとき、○○とお話できる時間が5分増えるからうれしいの」と、その手伝いにどんなメリットがあるのか、もつけ加えましょう。

ひとつ注意したいのは、「手伝ってくれたらお小遣いをあげる」など、メリットを金銭的なものにしないことです。

お金を貰えるから納得して動くのは、ビジネス的な考え方です。**人としての基礎をつくる幼少期には、心の充足を報酬として感じられるようにしつける**ことをおすすめします。

ここではお母さんを助けるという人助けの充足感と、お母さんと話す時間が増えるという愛情を享受した充足感が報酬になっています。

心の充足に向けて頑張ろうとするやる気は、心の基準を養い、人格形成につながります。

「お父さんの時間割」もつくってみましょう。

9歳頃までの子どもは、ほとんどのことを、言葉ではなく想像の世界で感覚的に把握し理解している、と子どもたちを見ていて感じます。

ですから、時間割表にお父さんの日課を書き入れるだけで、仕事の意味や内容はわからなくても、自身の時間割と比較し、父親の大変さを感覚的に理解するはずです。

特に昼食後を見ると、子どもは数時間で終業ですが、お父さんは自分の何倍も長く働いているからすごい、と把握するのです。

子どもがやる気になったら、親子で相談しながら、自力起きと朝の掃除の詳細を紙に書き出しましょう。忘れないように、必ずよく目につくところに掲示してください。

①何を、②どのように、③なぜするのか、の3点で「シンプルかつ明確」に書くことがポイントです。例えば、このように書きましょう。

①自力起きは何時何分。掃除はトイレの床を絞った雑巾で拭く

②目覚まし時計を使って起きる。ぼく専用のトイレ掃除に使う雑巾とバケツを用意する。掃除以外のときは、雑巾をバケツに干して、そのバケツはベランダに置く

③お母さんを助けるため。お母さんと朝ご飯のとき、5分多く話をするため

しつけで一番ネックになる問題は、いかに継続させるかです。スタートを切らせたからには最後までフォローするのが鉄則です。

まずは、1ヶ月続けるという期間設定で始めましょう。

できた日は、カレンダーの日付を囲む「花丸」を書き込みます。1ヶ月分のカレンダーに花丸が連なれば、子どもも協力した親も充実感を味わえるはずです。

継続のコツは決めたことをやり抜くまで**「心を律する」ことです。そのためには継続を見える形にしてあげます。**やる気が薄れてきたときには、カレンダーを一緒に見ながら「最後までやり抜こうよ！」と叱咤激励する方法が一番実用的です。

保育園、幼稚園、低学年の頃まで、園や学校では、全員ができるレベルの課題を子どもたちに提供しますから、ほとんど誰でもやり遂げることができます。

しかしそこには子ども自身が決め、継続する訓練、つまり「克己心を必要とする難局」はありません。ですから、わが子にこれらをしつけるのは親の役目なのです。

1ヶ月続けられたら、更に続けて日課になるようしつけましょう。

一行実践ポイント

1ヶ月連続、朝の自力起きと掃除を実行する

②

自分で選択するという「覚悟」

恥をかかない大人に育てるには、**「覚悟」を決める能力をしつける**ことが不可欠です。自力で進路を選択するときには「覚悟」が必要だからです。

自力で進路を選択できず、成人してまで親に進路を委ねたとしましょう。たまたまうまく成長できたとしても、それは表面的な成長で、自力で進路を選択しなかった「欠け」が脆さとなって、いずれ恥をかくことにつながります。

ついつい親は子どもの進路にレールを敷きたくなるものです。私もわが子のレールを勝手に敷いてしまった過去があります。

私は小学4年の冬に、父の強制で道場に放り込まれました。

サッカーチームに所属し、夢中になっていたある日、反抗を許さない威厳ある父から、突然の進路変更命令が下されたのです。

そのおかげで今の私がありますから、親が強引に進路を決めてもうまくいく、と私は考えていました。

私は3人の子どもに、父が私にしたように進路を定めました。それぞれが技術を身につけるまで続けましたが、各自の持つ運命に自力で縁を結ぶ機会を奪ってしまったかも、と今は猛省しています。

そこで、道場ではけじめとして、入門から約5年で取得できる黒帯を腰に巻いたら、道場を気持ちよく卒業するようすすめています。

幼少年期の習い事は、ほとんどが親による選択で始めていますから、特に中学校進学の際には、どんな部活をするのか、学業に本腰を入れるのか、自分で決めることができるようにと、しつけています。

「自分で決める」ことについて、道場に通うある小学1年生の子が書いた作文を見て、気づいたことがあります。

作文は彼が道場に入門、退会、そして再入門するストーリーです。作文から感じられるのは「決める」とは「覚悟」だという点です。彼に「覚悟」があったから、成長できたことがよくわかります。

1年前の1年生のとき、空手をはじめたけどながくつづけられなかった。道場の中はみんな自分より小さいのに強くてまけっぱなしだったから、やる気がなくなっちゃって、やめちゃった。

でも、気が弱いせいで学校でなにをされてもやりかえす勇気がなくて、くやしかった。お母さんが、また空手をやったら強くなるよと何回もいったから、自分も強くなりたいから、道場に入りました。

いろいろしんぱいだったけど、いまはだんだんすきになって勇気もすこしでてきた。空手はずっとつづけて黒帯までやるときめました。

道場にまたはいってよかったと思っています。がんばります。

という内容です。

作文には書かれていませんが、1回目の入門は、弱気だった息子を心配したお母さんの選択だったそうです。

始めてみると、年下に負けっぱなし。やる気がなくなり辞めてしまいました。その後、学校でいじめにあい、強くなりたいと感じたそうです。

すすめてくれるお母さんの言葉もありましたが、彼は自分で再入門を決意しました。

今では、黒帯を取るまで続けるという「将来の夢」を語れるまでに成長しています。

子どもに強くなってもらいたいと思うなら、ここでお話ししたストーリーのように、

・何かにチャレンジする
・壁にぶつかり葛藤し、覚悟を決めて再チャレンジする
・今度こそ、と歯を食いしばりやり抜く

という経験を子どもにさせることです。

人は痛い目にあってはじめて、心底から教訓を体得します。

子どもに試練が訪れたら、大人の力で取り除こうとせず、子ども自身の力で乗りきるように見守るに留めましょう。

親に愛されている子どもには、試練を乗り越えるだけのエネルギーがきっとあるはずですから、大丈夫です。

一行実践ポイント

子どもの「決める」を親は奪わない。サポート役になる

③ 「親子融合型しつけ」でいきましょう

しつけは、人としてまっとうな成長を遂げ、人生の限られた時間を有意義に過ごすためにあると思います。

何かをやる、と決めることができる子、決めることができたら実際にやり抜ける子、そして、できるだけ結果を残せる子に鍛えることが目標です。

結果を出せる社会人は、恥をかかない大人だと言えるでしょう。「決める」ことから結果を出すまで、諦めずにやり抜くには「心を律する」力が必要です。

私は道場で、**親子で一緒に「決める」、「取り組む」、「喜ぶ」**ことを奨励しています。例えば、入門したてのときに履修する「型」があります。私は、型を学ぶ子どもだけでなく、親御さんにも「型を覚えて家で順番を教えてあげてください」と課題を出します。親御さんはびっくりします。自分は送り迎えと付き添いのために来ていて、稽古は見学すればいいと思っていたからです。

驚きながらも、やろうと思えば、どの親御さんもできてしまいます。そして、課題を終えた方は、表情が明るくなります。

「この子をちゃんとしつけて育てることができるか」という不安を抱え、「武道でもやったらどうにかなるかも」、という漠然とした気持ちで入門したのが「これをきっかけに、なんとかなりそうだわ！」と安心に変わるようです。

親の一方的な「型を覚えなさい」という命令は、「親子分離型しつけ」です。親と子どもに共感も共鳴もない、心が分離している状態です。

反対に「型を一緒に覚えようね」という呼び掛けは、**「親子融合型しつけ」**です。親と子どもに共感、共鳴があります。**親と子どものつながりがある状態**です。

そのうえ、一緒に試練を乗り越えようという覚悟まで親子両方に生まれます。

親子一緒に型の稽古をすると、つながり感が強化されるようです。物事にまじめに向き合おうとする共通意識が生まれるからです。今まで子どもを叱れなかった親が、まじめでない子どもの態度に対して、人前でも「びしっ」と叱れるように変わります。

親を「なめていた」子どもも変わります。

この段階になったら、私は道場の生徒、保護者全員に観客になってもらい、演武を披露させます。

何事も、はじめは緊張しますから、1回目は順番を忘れて失敗します。一度目を閉じて、イメージの中で型を最後までやりきるようアドバイスをし、再チャレンジを促します。

これも「心を律する」しつけになっています。緊張のプレッシャーでどこかに行ってしまった自分の心を元に取り戻すことを子どもは経験します。

何度か失敗を繰り返す子は、励まし、ヒントを出して救いの手を差し伸べます。舞台に上げたからには、やり抜くまで責任を持って導きます。

人前に出しておいて恥をかかせて終わりにするのは、しつけの厳禁事項です。

子どもが自分でやると「決める」。そして困っても自分で「心を律する」ことで、**子ども自身に「自分は変わることができる！」という実感を持たせてあげる**ことがしつけのコツです。**プレッシャーを乗り越えて達成できたときの充実した感情を、子どもの心の中に発見させる**のです。

型を最後までやり遂げたら、観客は大拍手をプレゼントします。自分もみんなにそうしてもらった経験があるから、自然とそうできるのです。

そして帰り際、その子の親に「思いっきり褒めてあげてください。手をつないで帰ってあげてください。家に着いたら抱きしめてあげてください。大いに喜び合い、取り組んだ値打ちをしっかりと確認させてください」と伝えます。

道場に通わなくても実践できる「親子融合型しつけ」をご紹介しましょう。

まずは親子一緒に課題を決めます。課題は何でも構いませんが、本や教科書の音読がおすすめです。先に親がやって見せ、次に親子一緒に取り組みます。

このとき、何分、何回、と「心を律する」しつけのための決め事を約束しましょう。

そして、お父さんの前での発表、などの舞台を用意します。お父さんには、失敗しても茶化しは厳禁。できたら拍手喝采するように、と前もって伝えておきましょう。

最後までできたら、手を握り、抱きしめてあげてください。そして、「決めてやり遂げる」ことができたね、と成功を再認識させます。

親子一緒に『決める』ことと「心を律する」ことの意義を自覚できると、次の課題に挑戦するやる気が生まれ、取り組むことが楽しくなります。

一行実践ポイント

親子一緒に音読の稽古をし、「観客」の前で発表しよう

④ しつけされたことを収納しておく「器」

「決める」ことをしつけるにあたって重要なのは、**しつけられたことを収納しておく「器」を子どもに認識させる**ことです。しつけられた心を、必要に応じて取り出せる倉庫のようなものです。

しつけはうまくいくのもいかないのも、しつける側の姿勢としつけられる側の能力次第です。

しつける側の姿勢については向上心ある親、先生、師ならいくらでも発展可能だと思いますが、問題は、しつけられる側、つまり子どもの「能力」です。

・**聞く力**（幼いうちはまだ言葉を理解することはできませんから、感覚で相手の言っていることを把握する力を「聞く力」とみなします）
・**理解する力**
・**しつけの内容を収納しておく「器」の大きさ**

私は、この3つがしつけられる側の能力だと考えています。

特に3つ目の、しつけの内容を収納しておく「器」は、心の深いところにある、と考えています。

例えばテレビを見るとき、バラエティー番組は気楽に観賞できるので、表層面の心だけの働きで事足りています。

それに比べて、いじめ問題のドキュメンタリー番組は、真剣にいじめ問題に向き合おうと観賞するなら、表層面の心とは異なる心を働かせなくてはなりません。

その異なる心とは5章でも出てきた、「心の奥深く」だと私は捉えています。

しつけの内容は、ほとんどが真剣になって向き合わなくてはならない問題ばかりです。だから「心の奥深く」の働きが必要なのです。

表層面の心しか使い慣れていない子どもは、しつけされたことを収納しておく「器」がないので、親や先生のしつけの言葉を聞き流すことになってしまうのです。

では、しつけられる側の能力をつくるためにはどうしたらいいのか、を話しましょう。

内容が深くて重い話を親子でしましょう。最短でも15分は時間をとり、隣に座って肩を抱きながら話すか、向かい合う場合は、きちんと目を見てください。親の真剣な姿勢が、子どもにも伝わると思います。

このとき、「表層面の心」と「心の奥深く」の区別も伝えましょう。先ほどのテレビ番組を例に話すのも伝わりやすいと思います。

日常の生活の中でも、心の深さの区別を認識させるのに、効果的な質問があります。

①今、遊び半分の気持ちか、必死な気持ちなのかを子ども自身に識別させる質問

子どもが取り組んでいることに対して「やめてもいいや、と思っている？　やめたくないと思っている？」と聞いてみましょう。

遊び半分の気持ちは表層面の心を使っている、必死な気持ちは「心の奥深く」を使っていることが確認できます。

②今、気持ちは外に散っているか、気持ちは内に集中しているかを区別させる質問

子どもが何かをつくっているときに、「思いつきでつくっている？　つくりたいものが明確に浮かんでいる？」と聞いてみましょう。

気持ちが外に散っているときは表層面の心を使っている、気持ちが内に集中しているときは「心の奥深く」を使っていることを確認します。

③必死な気持ち、内に集中している気持ちがキープされているかを判断させる質問

①②それぞれについて「心の奥深く」を使っている状態が、途切れることなくキープされているかを確認にするには、「○○をしているとき、ふっと我に帰るときがある？周りは気にならないで集中できている？」と聞いてみましょう。

真剣な話し合いで心の奥深くの「器」を育て、日常生活では時々①②③の質問をして、「器」の存在を認識する習慣をつけましょう。

私の道場では、この真剣な話し合いと質問で、早い子で1ヶ月、遅い子でも半年あれば、「心の奥深く」を捉えるようになります。騒がしい甘ったれた感じは薄れ、落ち着きが出てわきまえた雰囲気になります。

一行実践ポイント

「心の奥深く」にしつけを届けるために「器」を認識させる

⑤ あなたにできるしつけから

道場では、9歳までの子どもに「決める」しつけを積極的に行なうだけではなく、保護者にもその重要性を説くようにしています。

なぜ9歳までなのかというと、武道の世界では、「つ」のつく歳までは「神様」だから、9歳までにひと通りの技を教えなさい、という教えが伝わっているからです。

これはおそらく、10歳になると頭で理解する能力が成長し、何事にも私見を挟める「人間らしさ」が備わることによって、自己流の解釈が素直な稽古を邪魔するようになるからだと思います。その点、9歳頃までは、言葉の意味さえうまく理解できないので、冴えた感性を駆使し、鏡に映すかのように師を真似します。

子どもが幼いうちに、できることから「決める」をテーマにしたしつけを始めましょう。

ここで注意したいことがあります。**9歳までの子どもは、親の真似、師の真似をして育っていることを忘れないで、子どもの前での親の言動を戒めなくてはなりません。**

道場に小学4年生の長男と小学1年生の次男を約5年通わせていらっしゃるNさんは「決める」というテーマについて、こう話していました。

この頃長男に、話を聞く姿勢が育ってきたと思います。

それは多分、先生や親の話をよく聞いておいたほうが、何かを決めるときに使える「考えるネタ」が増えることに気づいたからかな、と思います。

決めることを楽しいことだと感じているようで、最近はよく「何か決めて、毎日やろう！　何をやる？」が口癖になりました。

一緒に何かを決める会話はやる気と元気が湧いてきますから、親子ともどもお気に入りです。

私の道場では、大人の誰もが一目置きたくなるような子どもが育っています。

模試が全国上位とか、空手全日本チャンピオンとかの評価ではなく、人として認めたくなるような魅力を感じる子どもたちです。

人として一目置きたくなるような子どもは、後輩の面倒をみるなどの人助けをさりげなくできますし、誰かに見てもらうためにではなく、自分で決めたことをただひたすら継続できます。「生きる」ことの深い意味を理解し、そのように「生きる」ために真摯な姿勢で努力しているから、大人にそう感じさせるのだと思います。

私は、2歳3歳の子どもに対しても人生観を説いています。

もちろん、私の言葉を理解はしていないと思います。ですが、いずれ子どもが言葉の意味を理解する頃、幼いときに耳になじませておいた響きに親近感を持って、理解が進むと思うのです。

まじめに本気で「生きる」ことについて、耳にタコができるほど繰り返し話すと、2歳3歳の子どもでも、私の目と場の雰囲気から「先生は必死で何かを伝えようとしているから、きちんと聞かなきゃ」という姿勢に変わります。

「生きる」に関する言葉を、他の教育より先に覚えることは、幼年から少年に変わる小学4、5年生頃になったときに、大人が一目置きたくなるような雰囲気を醸し出す要因になると理解しています。

具体的にどんなことを私が幼い道場生たちに話しているかというと、勇気をもって「覚悟」することと、その「覚悟」したことの結果が出るまで、根気よく諦めずに取り組み続けることが大切だ、という内容です。

子どもは徐々に**「決める」ということは「覚悟」を持つこと**だと理解し始めます。

子どもには本来、夢を実現したいという熱い思いがあります。しかし現代、熱く将来に夢を抱く子どもが少なくなりました。その原因をひとつ挙げるのなら、熱く人生を語る大人が少なくなり、「心の奥深くで気づき、考える機会」がなくなったからだと思います。

子どもが「やるぞ！」と決められる、つまり「覚悟」ができるようになり、それを実現するため自身の「心を律する」ことができるように、**親は全身全霊で子どもをしつけてあげてください。**これが親にできる最高の社会貢献であると実感しています。

一行実践ポイント

熱く人生を語る

7 章

Rule 7
「やり抜く」で喜び合う

①

「やり抜く」しつけには何と言っても夢

夢を持たせるには、何と言っても「尊敬」と「憧れ」の感情を喚起させることです。この2つの感情が、なぜ子どもに夢を持たせることに結びつくのかをお話しします。

やり抜くには、**やろうと決めたことを最後まで、諦めずに完遂しようとする気持ち**が必要です。

その気持ちのことを**「信念」**と呼びます。信念は、目的を完遂できたことで変わった「将来の自分」の姿をイメージし続けられる強い感情です。

将来の自分の姿とは、尊敬と憧れの対象（その子にとってのヒーローやヒロイン的存在）をモデルにし、「現在の自分」より、レベルアップした理想像です。**子どもは、ヒーローやヒロインに自分を重ねることで夢を持つようになる**、と私は理解しています。

普段、身近なところで「小さな夢」を持つことから、人は動き始めています。例えば、何かを上手にできる子を見て「かっこいいな、ぼくも上手にできるようになりたい」と望んだ感情が「小さな夢」になります。次に、上手にできる子はどうやっているかを観察し、更に「やってみよう」となれば、小さな夢に向かって動き始めたことになるのです。

親は、**尊敬と憧れの対象のサンプルを、子どもに提供する**ことをおすすめします。偉業を成した多種多様な偉人のサンプルを提供してあげることで、子どもの選択する情報を増やすことは「決める、律する、やり抜く」しつけに有効なのです。

また、本には興味を示さなくとも、子どもはマンガが好きです。サンプルの提供ができ、子どもにも内容が理解しやすい「偉人伝記マンガ」は、「決める、律する、やり抜く」をしつけるために用いたい絶好のアイテムです。

子どもと書店に出かけましょう。そして本を選ぶときには、「お母さん、この人を尊敬しているの。○○がこんな偉い人になったらすごいな」と話してあげましょう。こう話すことで、読む前から子どもの吸収力を刺激しておきます。

野口英世の偉人伝記マンガを読み、夢を持った小学2年生の道場生K君は、作文に「野口英世みたいに世界で活躍する医者になりたい」と書きました。

たくさん勉強をして、大学を卒業したら外国でも学ぶ。そして、自然災害の被害者などを救える、世界で活躍する医者になりたい、と夢を語っています。

こんなすてきな**子どもの夢を、現実にかなえることは教育者の使命**だと思います。夢を変更することだってあるでしょう。子どもたちに、**「夢が成長過程で変更したとしても、それまでの夢に向かって努力した力は貯金になる。夢を持つことは、人生に真摯に取り組む姿勢をつくってくれる」**と、いつも私は伝えています。

偉人伝記マンガは、まずは10冊読破を目標にして読んでみてください。10冊読めば、子どもの心の中に10通りの人生ドラマがインプットされます。

子どもは、その情報を選択肢として今は一旦心にしまっておくことになるのです。

もうひとつ重要なことは、やる気が萎えないように、**夢を決めた理由を振り返る習慣を持つこと**です。

いじめを克服するため、でもいいでしょうし、偉人の生きざまに感動した、でもいいのです。

「なんで、この夢を持ったか思い出してごらん。そのときに何があったの？　誰かに憧れたの？」と質問してあげるといいでしょう。夢を忘れないための工夫です。

「偉人伝記マンガ」は、本棚の子どもがよく見るところに並べておき、高校入学までは移動しないでください。本棚の景色を見て夢を振り返れようにしておくのです。心が折れそうになったとき、目に留まった「偉人伝記マンガ」を本棚から手に取り、ページをめくれば、幼い頃ときめいた感動、心に決めた夢がよみがえり、やる気もリセットできるはずです。

また、親子で将来の夢を語り合う習慣をつけることも、子どもの夢のモチベーション維持には重要です。親も語ってください。

例えば、私は子どもに「将来、孤児院をつくりたい。名前はチャイルドドリームハウスにしたい。稽古を通じた心の教育で孤児の心を育みたい」と語ってきました。

幼少年期の子どもは、親が描く親の夢の話に食いついてきます。

語り合った互いの夢は、親子の約束にしましょう。夢に変更があっても、夢を追い続ける姿勢が変わらなければ、大丈夫です。親子で交わした約束をはたしていく、という良好な関係が築かれます。

親になると、日常の営みはそう変化に富むものではなくなります。

すると、半年仕事を頑張って海外旅行に行くことを「夢」として日々を過ごしたりします。この感覚は悪くはありませんが、子どもに持たせたい夢とはまるで違います。海外旅行の「夢」は短期的なものですが、子どもに持ってもらいたい夢は長期的なものです。

人はどう生きていけばいいか、という人生観を、親は日頃から無意識に子どもに伝えています。消極的な人生観よりも、肯定的かつ積極的な人生観を伝えよう、と意識してください。子どもに夢を持たせるために偉人伝記マンガを読ませるのと並んで、親の前向きな人生観も伝えてあげましょう。

一行実践ポイント

偉人伝記マンガをしつけに活かす

②
やり抜くための、なじむ、好む、楽しむ、三段階しつけ術

親もかつて、それぞれのしつけを受けて育ってきました。大人になった今、一番役立っているしつけは何でしょうか。

私は「やり抜く心」ではないかと思います。もちろん思いやりとか、マナー類のしつけも大事でしょう。

でも、たいていの人は自力で生きていくのですから、**自身に生きる力をもたらしてくれたしつけが、今、役に立っている**はずです。


「やり抜く」しつけのコツは2つあります。

まず、成長、変化をはっきり自覚させること。何をするにしても、大人はこれまでの経験から「まあ、これくらいで合格ラインまできたな」と加減を判断できますが、子どもは、あらゆることが未経験ですから、自身で合格ラインを判断できません。

ですから、大人がご褒美や、褒める言葉、繰り返しの質問などで、**「自分がどれくらい**

成長し、変化したか」を子ども自身で気づけるようにしてあげることが大切です。

そうすることで、**子どもの中に「できるようになった」という自覚を育ててあげます。**

この自覚を養成しないでいると、子どもの才能が埋もれてしまう危険性があります。

よく、個性を伸ばすことは教育で肝心だと言いますが、個性の芽を発見してあげるのは教育者と親の役目ですから、責任重大です。


成長、変化をはっきり自覚させるうえで、ご褒美をあげるのは初期の段階に留めてください。ご褒美では「やり抜く力」をしつけてあげられないからです。

ご褒美をあげてしまうと、取り組みの本質（基本）を考え抜いて見抜く努力よりも、ただやり終えることに目的が傾いてしまいがちだからです。

努力によって、取り組みの本質を知り得た喜びを、自力で獲得できるように仕向けることで、子どもが将来どの道に進んでも、自ら進んで研究や工夫をする素養が身につき、最後までやり抜けるようになるのです。

「やり抜く」しつけのコツ、２つ目は「三段階しつけ術」です。

大人になれば誰もが、三日坊主になる心理を理解していることと思います。子どもだって同じです。やり始めは燃えていた心も、2日目、3日目には弱まってしまいます。

このとき、心に再度燃料なり空気を吹き込んで、やる気を再燃させることができるかどうかが、分かれ目になるのです。

もちろん、自力での再燃をしつけるのが理想です。でも、まずはやり始めたら、とにかく火を消さないように、親が意識を集中させましょう。

一段階目は、**やり始めたことに心身両面でなじませる**ことに専念します。

この段階ではご褒美も効果的です。何がなんでも軌道に乗せる、ということを優先しましょう。辞め癖をつけることが、しつけの一番の敵です。

二段階目が、先に述べた**成長、変化をはっきり自覚させて、好きにさせる**ことです。

成長、変化するうえで起きた「できるようになるとなんだか気持ちがいい、うれしい、楽しい」という感情は、心の奥深くで「好き」の感情になります。だから、生まれていても心の表層では、はっきり「自分はこれが好きなんだ」と自覚できていないのです。

親は子どもの些細な雰囲気の変化（目の輝きや勢いの違い）を感じることができます。

「今、この子は達成したことで、好きという感情が心の奥深くに生まれた」ということをキャッチし、子どもの心の表面まで引き上げてあげます。

「変われた今と、変わる前の自分、どっちが強くなれそう？」と、自分が変わって、そのために好きな感情、プラスの感情が生まれたことに、気づかせる声掛けをしましょう。すると、子どもは「変われた今のほうが強くなれそうだ。どんどん変わっていこう！」と、そのできたことに対しても、「好き」という感情を抱くようになるのです。

ここまできたら、三段階目は楽しむレベルです。「やり抜く」しつけの仕上げに入りましょう。自分で決めて、律して、やり抜けるように、親は距離をとっていきます。といっても、見守ることは続けます。雛が自力で餌がとれるようになるのを、親鳥が見守っている、そんなイメージです。

この三段階を踏むことで、子どもはその取り組みを好きになり、やり抜く習慣が身につきます。

一行実践ポイント

心の奥深くでの自覚を表層に引き上げる、成長変化発見法

3

「やり抜く」しつけがムチなら、アメは**親の手間暇と慈しみ**

しつけに最も適した時期の子どもは、親が子どもを見守る以上のエネルギーで、親を見ています。

親は大人ですから、自分で生きていく術を持っているのに対し、2歳から9歳の子どもは、ひとりでは生きていく術を持っていないからです。本能的にそのことを子どもは知っているのだと思います。

子どもが親を慕い、頼るのは本能だとも言えるのです。

子どもを放っておいたり、じゃれ合いを求めてくる子どもにつき合ってあげなかったり、言葉数が少なくなるなど、子どもがサインを出しているのに声掛けをしなかったりすると、子どもは、「僕は可愛がられていない」と傷つきます。

特に甘え下手な子には、細心の気配りが必要です。

数人の兄弟の中には、親に甘えることを他の兄弟に譲る子どもが必ずいます。そんな子ほど、**一対一の時間をつくって、抱きしめて**あげてください。

一人っ子の場合は、**子ども中心の会話を心掛けて**ください。兄弟同士でするような、子どもレベルの会話ができないからです。ついつい、親は夫婦で通じる大人レベルの会話をしてしまいがちです。

親が大人同士の会話に熱中している横で、子どもがひとりでつまらなそうにしていることはありませんか？

道場にもたくさんの一人っ子がいますが、6章で述べたような親子融合型しつけを実践して、親子の絆をどんどん強めている例がたくさんあります。

中でも、Kさん一家は道場で聞いたことを実践し、素晴らしい成果を上げています。お母さんは、息子であるY君が黒帯を取得した後、入門からの約5年間をこんな話で振り返りました。

息子は4歳で道場に入門。半ば強引に親が入門を決め、幼いわが子は、最初は道場に行くのが嫌で嫌でしょうがなかった。

週に2回の稽古。遊びたい盛りの息子は、稽古前になると泣いて行きたくないと訴えた。

道場のピリッとした雰囲気は今まで味わった事がない感覚。恐いから行きたくないと泣く日が続いた。私達も泣きじゃくる息子を無理矢理道場に連れて行くことに悩み、迷った。

しかし、道場のピリッとした空気を私達は望んでいた。なので、3ヶ月頑張ろう、1年頑張ろう、と少しずつ目標を伸ばして続けた。

どんな日でもできる限り一緒に道場に行き、一緒に型を覚え、叱咤激励しながら見守り続けた。そして、わからないことや嫌なことがあった日、できないことが悔しくて泣いた日には、親子3人でたくさん話をし、一緒に悩み、最後は前向きになれるように励まし続けた。

そうしているうちに、ひとつずつできることが増え、息子は「お母さん見て！」と言って自慢気にイキイキとした姿でやって見せてくれた。

それからというもの、できたときの喜びを体で感じた息子は、自分で練習をするようになった。それでも、親子練習は続けた。

私たち親子は、できたときの喜びを親子一緒に分かち合うように進化した。

5年の歳月が流れて黒帯の審査を受けたとき、わが子は「昔は空手が嫌だったけど、今は楽しくて続けてよかった。お父さんとお母さんが協力してくれたから続けられた。今までありがとう」と言ってくれた。

黒帯が終わりではなく、これからどう生きるかが大切だという先生の言葉を、今では理解できているかのようだ。

道場で学んだ、諦めないでやり抜く心は、息子にとって大きな財産になると思う。

今Y君は、道場の少年部リーダーとして後輩の面倒を進んで見てくれます。空手の動きも立派なものです。

ご両親は手間暇を惜しみませんでした。だから、Y君は厳しさに向き合い、最後は、厳しさを乗り越えて成長を遂げたのです。

また、Kさんご両親の慈しみが、彼の頑張りのエネルギーになっていたと思います。

しつけにおけるアメとムチのバランスとはまさにこれが模範です。**褒められてばかりで育ったからと言って、社会でも褒めてもらえるとは限りません。**

子どものうちから、親が厳しさを与えてあげることもまた、立派なしつけです。

一行実践ポイント

手間暇をかけて慈しむ

④「やり抜く」をスケールの大きさ別にしつける

「やり抜く」を、スケール大、中、小と長期、中期、短期に分けて解説してみます。

スケール大で長期的な「やり抜く」とは、1項でお話しした「偉人伝記マンガ」に出てくるような偉業を達成することを言います。10年単位の時間がかかるような事柄です。

先ごろ話題になった映画『奇跡のリンゴ』の主人公である木村さんが、無農薬リンゴ栽培に10年以上の歳月をかけ、成功したエピソードもスケールの大きな「やり抜く」でした。

スケールの大きな偉業ほど、達成するまで長期間を要します。

次に、スケール中で中期的な「やり抜く」は、数年単位で答えが出る事柄です。

道場に入門した子が、5年の歳月をかけて黒帯を取得することや、高校入学から3年計画で志望大学に合格することなどが挙げられます。

この、**スケール中で中期的な「やり抜く」心のしつけは実用性が高い**と思います。

スケールが短期的で身近な「やり抜く」とは、数日単位で答えが出る事柄です。

フルマラソンのレースにエントリーしてゴールまで走り抜くとか、1日断食をやり抜くといった、ちょっとしたチャレンジを伴うものを指します。

このレベルの「やり抜く」は実践しやすく、完遂した喜びを味わいやすい利点があり、やり抜くしつけのきっかけに活用できます。


では、やり抜くしつけのきっかけは、どんなものがいいのかご紹介しましょう。

まず、何を「やり抜く」のかを、明確にするために短期目標を設定します。

例えば、漢字の書き取りや算数のドリルに取り組む際、2ページを15分で終わらせる、といった目標を設定します。**集中させるために、ワクワク感とドキドキ感を演出する**のが効果的です。

例えば、1ページを7分30秒でという設定よりも、あえて2ページを15分で、と設定します。なぜかというと、10分以内では短すぎて達成感がないし、20分以上になるとだらけやすいからです。

また、2ページにすることには、最初と最後を明確に認識できる、というメリットがあります。1ページだけでは、始まった時点でゴールが見えてしまい「つまらない」と感じてしまうからです。

15分という時間で区切れば、終了後にお母さんが添削する時間を5分足して、1セットが20分になります。

これを3セット、つまり1時間行なうのがおすすめです。区切りがよく、達成感も得やすいからです。また、1セット目は、まだドリルに慣れていないので、2セット目で慣れて、3セット目で定着するという効果も狙っています。

2項で述べた「三段階しつけ」と同じです。1セットだけだと不慣れな感じが印象に残るだけで、次回の取り組みの際に苦手意識が先行してしまいます。

2セット目で、身体は慣れてきますが、まだ定着していないので、時間が経つと忘れてしまいます。

3セットまでやると身体が覚え始めます。すると定着し、忘れにくくなるのです。

「やり抜く」習慣の、きっかけをつかめたら、少し負荷を強めた課題に臨みます。

例えば、3キロのマラソン大会が来月にある場合、短期目標設定から始めましょう。

1ヶ月を10日間ずつに分けます。

最初の10日間は、身体をマラソンに慣らすことを目的に、タイムを設定します。

次の11日～20日目までは、体をより慣らしていきます。つまり、目標タイムの設定を少しずつ短縮していくのです。

21日目～30日目は、定着させる訓練です。20日目までに出たベストタイムを、繰り返し出せるような能力養成に焦点を絞りましょう。この段階ではタイムの短縮を狙うのではなく、ベストタイムで走り抜く目標設定をすることが大切です。

「優勝」を目標に設定してしまうと、そうならなかったときに子どもは「努力したのに負けた」という気持ちを引きずることになってしまいます。

ですから、「計画的なトレーニングの結果、到達した自己ベストタイムを、マラソン大会本番でも出す」という、目標設定にして、達成することに焦点を絞るのです。

他との比較、順位ではなく「目標設定したことをやり抜く」経験を優先させましょう。

やり抜く習慣が身についていると、成し遂げる人、つまり、信念を持った大人に育ちます。

しつけはあくまでも恥をかかない大人に育てるため、つまり人生の土壌づくりだということを忘れないで臨まれることをおすすめします。

一行実践ポイント

きっかけは短期的で身近な「やり抜く」体験から

⑤

子どもに改善策を創意工夫させる

これからの時代を担う、恥をかかない大人とは、イメージがひらめいたら、その**イメージを形にするまで、工夫しながらやり抜く根気を備えもった人材**だと思います。

先日、ある生徒のお父さんは、わが社にも優秀な社員はいっぱいいるが、ゼロから新しい価値を創造しようとする意欲と能力を持った人材は少ない。子どもが創意工夫する能力のしつけを、積極的に仕掛ける道場の指導に期待している、と話してくれました。

道場で行なっている、創意工夫する能力のしつけとは、**「自分でうまくなるために、何をどうやったらいいか、自分で考えて決めてみなさい。決まったら、うまくなった、と自分が納得できるまでやってみなさい」**という、いたってシンプルな指導です。

私の道場には、創意工夫する気風がすでに「当たり前」になっているので、この指導を子どもたちはすんなりと受け入れますが、各ご家庭ではそうはいかないでしょう。

各ご家庭で、創意工夫する能力をしつける場合には、子どもが現在取り組んでいる物事の改善策を創意工夫させるところから始めてください。

新たに物事を考え出す心を創意と言います。創意した改善策は実践してみましょう。でも、何事もそうですが、簡単にいかないときだってあります。そこで、工夫をするのです。**創意と工夫を繰り返し、実践を継続することで、子どもは何かを身につける**ものです。

では、「改善策を見つけさせる」、「改善策を実践させる」コツをお話ししましょう。

①改善策を見つけさせる

例えば、走りがうまくなりたい（速く走れるようになりたい）なら、速く走れるようになるために、練習の「質」と「量」の両面で考えます。

まず「質」について、「どう走ればもっと速くなれるか」「速い人の走り方を参考にしようか」「顎はどうする？　目はどこを見る？　腕の振りは？」

と、親が質問します。質問は、子どもの創意工夫を誘うことが目的ですから、取り組むこと自体が狙いであって、改善策のできばえは、二の次で構いません。

ですから、**子どもが考え出した改善策を全部肯定**してあげてください。創意工夫している子どもの中では、「創造しようとする意欲と能力」が少しずつ育っています。

初歩の段階では、子どもがひらめいた、いくつかの改善策を親が言葉で整理します。紙に書き出すのもいいでしょう。

出てきた改善策の中から、実践する策をひとつ選択させ、「自分で選択した改善策だから継続しようね」と言い聞かせます。

うまくなりたい、と願った心と行動を一致させる約束は大切です。一致させなければ、結果など出ません。結果が出ないのであれば、子どもは、また創意工夫しよう、という意欲が起きなくなってしまいます。巧みに約束を交わして、履行させることも、しつけのコツです。

「量」については、「どれだけ練習したらいいと思う？」と、前項でお話しした、三段階目標設定を参考にし、練習量を三段階で決めてもらいます。

②改善策を実践させる

質量両方について、自分で決めた課題を書き出します。

「自力起き&掃除」ではカレンダーを用いた管理をしましたが、継続する習慣がすでに身についていると仮定して、ここではワンランクレベルアップした管理をしつける意味でも、グラフを作成しましょう。

マス目の入った紙を準備し、横軸に日付を記入します。そして、その日の練習の質と量に応じて、マスを塗りつぶしていくのです。質に関しては、10点満点の自己採点、量に関しては、定めた距離を走った回数分だけ、塗る要領です。

創意工夫の意欲と能力のしつけを進めるうえで、変化を見極めるポイントがあります。子どもに、**「心が身体の主体になる」という感覚が生まれたかどうか**を確認します。「自分の身体が車だとイメージしてみて。あなたの心は運転手さんになっているかな？」と、問い掛けてみてください。

子どもが、「心が右に行けとハンドルを切ると、僕の身体は右に行くことがわかる気がする」と答えるようになれば、子ども自身の心に対する理解力は相当、高いレベルになっています。

運転手である心をしつけるから、車である身体がしつけられた事柄を実践できるのです。つまり、やり抜く心をしつければ、身体もやり抜くように動き始めます。

一行実践ポイント

何かの改善策をいくつか考え出させて、実践の選択をさせる

8 章

Rule 8

聞く力をしつける

①

とことん夢を聞く

この章で話すのは、すぐに成果を求めるというよりも、将来、人の話を聞ける大人になる基礎を、今から築いておこう、といった長期計画で積み重ねる「聞く力」のしつけです。どの子どもと出会っても、私は最初に性格の中のまじめさを観察します。まじめさが稽古の受け皿だからです。まじめに先生の話を聞ける子は伸びていきますし、伸びる方法を聞かないのですから、聞けない子が伸びないのは当然です。

天性の才能を持って生まれたとしても、その性質を刺激して表に出させる必要があります。刺激は人、自然、書物などあらゆるものから得られますが、やはり、親の言葉に勝るものはありません。

まじめに聞けない子どもは、話の真意を理解できないので、話を聞くことで気づける面白さやありがたみと出会う機会が少なく、聞くことを大事なことだと思わなくなります。

ですから、2歳から9歳のしつけに最も適した時期に、「まじめに聞く力」をしつけることが、子どもの成長の道を開くことになります。

また、人は自分を認めてくれる相手、話を聞いてくれる相手を好みます。子どものうちから**「聞く力」を身につけることは、人から好まれる大人になる要素になる**のです。

話の内容にかかわらず、聞く側と話す側の関係は、サービス業で例えるなら、聞く側がサービスマンで、話す側がお客様になります。

サービスマンが的確な相槌や質問をすると、話しながら自分自身の考え方（文化）や、出来事（歴史）を整理整頓でき、話す側には、より満たされた気持ちが生まれます。

相手に満たされた気持ちになってほしいと思うなら、話を聞いてあげることです。

一人暮らしの老人の話し相手になるボランティアや、震災で親を亡くした子どもの話をこちらの意見を挟むことなく、すべて受け入れて聞くボランティア活動は、まさにこの仕組みが作用し、話し手が自分を取り戻すことを助けるそうです。

話す側も、そして聞く側も満たされた気持ちになれるのは、**考え方と出来事**の2つを聞く質問です。

話し手の考え方は、その人の持っている文化です。また、その人に起こった出来事はその人の歴史です。**自分の文化と歴史に興味を持って話を聞いてもらえると、人は自分を認めてもらったと感じ、満たされる**のです。

子どもの考え方を聞くには、夢を聞くのが最適だと思います。ただし、「あなたの夢は何？」と聞くだけでは、きれいな言葉を並べるだけで終わってしまいます。

そこで、「あなたの夢を邪魔しているものは何？」と、質問を続けてみましょう。自身の勇気のなさ、迷い、などの心の問題や、経済的、物理的など、環境や条件の問題が出てくることでしょう。問題点は、きれいな言葉だけでは語れないので、考え方の根本のところを聞くことができます。

夢とそこに立ちはだかる問題点を聞いたら、夢を持つようになった理由も聞いてみましょう。このあたりから、話し手は考え方と出来事を話し、夢を掘り下げることになります。

詳しい掘り下げ方については、次の項で述べますが、これは以前、道場生の「夢」について掘り下げたときのエピソードです。

小学6年生のH君に将来の夢を聞いたとき、パソコン関連の仕事につくことだ、と言いました。聞いた当時はまだ曖昧な答えでした。

ところが、先日再びたずねると、彼は「グーグルの社員になることです」と明確に答えました。曖昧にしか答えられなかった「夢」を、自分でしっかり掘り下げていたのです。私が「そのために準備していることはありますか?」と聞くと、彼は堂々と「グーグルの社員になる、と本気で夢を定めた日から、独学で英語の勉強を1日2時間始めました。今でも毎日欠かさないで続けています」と答えたのです。

夢は、子どもの生きる方向性になります。夢を持って勉強や稽古に臨むのと、人生の方向性が定まらず、なんとなく生きているのとでは、当然まるで違う結果が生まれます。

子どもに夢を聞き、夢を掘り下げることにトライすると、子どものことを、より理解できるようになります。それは、子どもからたくさんのことを聞き出せたからです。

当然子どもにとっても利益はあります。たっぷりと、質問されて答えたことで、自分の文化と歴史を整理整頓でき、自分の夢の再検討と具体化を進めることができるのです。

一行実践ポイント

夢を聞いて、子どもをより理解する

②

A3サイズの紙に「夢図」をつくる

主にしつけの場となるのは、家庭です。**聞く力をつける基本は、家庭内で織りなす、まじめな会話**になります。

聞く力をしつけるには、子どもがまじめに話すことを親はまじめに聞く、親がまじめに話すことを子どもはまじめに聞く、というまじめな会話が日常化した環境が必要です。

子どもが耳に入れる言葉、つまり親が子どもに向かって使う言葉は前向きになるよう、気をつけましょう。

何かに挑戦して、いい結果が出なかったときは、例えば「もっと努力できるところを探すきっかけになったね」と言うなど、**苦しいときほど前向きな言葉で、元気な空気感を演出**しましょう。

前向きな言葉をたくさん耳にした子どもは、前向きな言葉を使い始めます。思考も前向きになり、行動も前向きになるのです。

前項でお話ししたように、子どもに夢を聞くことは、考え方を聞くためにも適しています。そして子どもが**夢を語る分だけ、前向きな言葉の使用頻度が高まる**、という利点もあります。

子どもが夢を語り、自分の夢を掘り下げるのにおすすめの質問法を紹介します。

記者が有名人にするように、親が子にインタビューを行ないます。その際、子どもの夢をA3サイズの紙の中央に書いたものを、準備しましょう。中央に書き込んだ「夢」から、質問と回答、更に質問、とつないでいく過程を、矢印で渦巻き状に記していきます。するとと、**夢と課題の関連が一枚の図にまとまります**。

まず、なぜその夢をかなえたいのか、理由を聞き、紙の中央に書かれた夢の左隣に書き込みましょう。これは原因究明の質問です。夢を持つに及んだ理由を突き詰めます。

原因究明をするには、心の奥深くへのアクセスを必要とするため、子どもの落ち着きをつくることにも効果があります。

続いて、「もっと具体的に教えて？」とまじめな対話をします。

この具体的に、の質問を掘り下げていくと、実は自分が抱いていた夢の本質は、違うものだったと気づくこともあります。

例えば、ある道場の生徒の夢は「大きくなったらお巡りさんになりたい」でした。

その理由を詳しく聞いていくと、「テレビドラマで見た、犯人を推理して追いかけるシーンに猛烈に憧れたから」というものでした。

ここで、彼が本当に憧れているのはお巡りさんではなく「刑事」だ、ということがわかりました。幼い子どもですから、「刑事」という職業を知らなかったのでしょう。

具体的に掘り下げることで、そのことに気づくことができたら、大人は彼に知識を授けてあげることができ、彼の夢はいっそう明確になります。

この対話ができたら、その夢をかなえるにはどうしたらいいか、を質問し、子どもに夢をかなえるには何が必要か、を考えさせます。

ここで出てきた「課題」は、先ほどの画用紙の「夢をかなえたい理由」の隣からスタートし、中央の「夢」を囲むように、渦巻き状に書き込んでいきます。

例えば、「刑事になるためにはどうしたらいいのかな?」という質問に対して子どもの口から、試験があるから勉強が必要、犯人を追いかけるから体力が必要、犯人の行方を推理するには人の心を読む力も必要、などの課題が出てきたら、それをすべて書き出していきます。

勉強、体力、洞察力。武道の稽古がまさにピッタリつながることが明確になりましたので、この生徒の道場稽古のモチベーションは高まります。
どのお子さんの夢でも、掘り下げると勉強や技術の習得へのモチベーションにつながることが発見できます。

夢、その理由、達成するまでの課題、を書き込んでできあがった「夢図」を前にして、対話をしましょう。子どものイメージが鮮明になるように、勉強や稽古の計画を立てるのです。

ここで「よし、やる！」と決められたら、親の話をまじめに聞けた証拠です。「まじめに聞く力」が芽生えたら、即、行動に移します。

折にふれ、勉強や稽古などの行動を、親子のまじめな会話で確認したり、改善策を話し合ったりすれば、聞く力のしつけは完成に近づきます。

一行実践ポイント

インタビュー形式で子どもの「夢図」を親子で共作

③

「頻発単語質問法」と「ジグソーパズル質問法」

ここでは、子どもに「聞く」ことの重要性を感じてもらうために、「聞かれる体験」をしてもらいます。そして、**自分のことをたっぷり人に話せたときに感じる「聞いてもらう喜び」**を認識させます。

親が、上手に子どもの話を「聞く」ためのテクニックを2種類紹介します。

・頻発単語質問法

今、子どもが一番気になっていることを聞き出すのに最適なテクニックです。

無意識に話す言葉は、気になって仕方がない事柄の場合が多いと思います。会話の中で「2回以上、もしくは続けざまに繰り返し使った言葉」を、相手が今、一番気にしている事柄だと想定して、その**頻発単語や、単語に関連する言葉について質問する方法**です。

質問するときに、楽しそうな雰囲気と表情をすることが重要です。会話そのものがしつけになっていますので、会話は楽しいもの、と子どもに感じてもらうためです。

例えば、会話中に「サッカー」という単語がよく出てくるようになったら、「サッカーのことを話して」と、頻発単語に関する会話を始めます。

サッカーの話をし始め、さらにその中で「試合」という単語を頻発するようだったら、「試合を応援するのが好き?」「試合に出てみたいの?」などサッカーの試合に関して、話題を広げましょう。

子どもは、まだまだまとめて話す力が身についていないため、主語と述語がバラバラだったりしますが、「何を言っているかわからない」で片づけずに、しっかり耳を傾けましょう。

友人の名前、サッカーをしている場所など、よく出てくる言葉を拾い集め、親がまとめます。子どもは、仲のいい友人のこと、楽しいと感じているサッカーのことをお母さんに話して、きちんと伝わった、とてもいい気持ちになります。

会話=お説教、会話=お互いに言い散らして終わり、だから会話とはつまらないものだ、と先入観を持たせたてしまったら、子どものコミュニケーション能力は低いものになってしまいます。

「聞く力」というと、じっとおとなしく人の話を聞ける力のような印象ですが、**会話の中**

から、相手の言いたいことを聞き取る力こそ「聞く力」だと思います。

まずは、相手の気になっているところ、興味があるところを質問する、という流れを親が子どもとの会話で実践するのです。

話したいことを話せたら、スッキリして気持ちよくなることを実感させることで、いつの間にか子どもが、その「会話の流れ」を身につけるように仕向けるのです。**質問の仕方を、自然に伝えてあげる**のが、聞く力をしつける最良の方法です。

・ジグゾーパズル質問法

一つひとつの質問の回答を、パズルのピースに見たてて、完成させていく質問法です。

子どもは、一日一日歴史を刻んでいます。初体験なことへのチャレンジを繰り返すたびに、エピソードは生まれます。

出来事をこんなふうに話したら、より具体的になり面白い話になる、ということを知り、お母さんが自分にした質問を真似れば、人の話に質問できる子になるでしょう。質問上手は周りを楽しませます。

帰宅した子どもが「今日、跳び箱5段とべたよ」と話したとしましょう。

子どもが話したがっている状況を、お母さんはイメージします。詳細を一つひとつ明確に回答してもらいます。

子どもの回答ひとつにつき、イメージのピースがひとつ埋まります。質問を重ねるごとにジグゾーパズルは完成に近づき、実際の場面が見えてきます。

楽しそうに、もっと知りたいという気持ちを前面に出して聞いてください。

いつ、どこで跳び箱をしたのか、不安はあったか、とべたときの気持ちは、など、さまざまな角度からの質問に答える、子どもの心理を推測してみてください。

まるで自分が、テレビに映るスターになったかのような気持ちになっているに違いありません。大好きなお母さんが、自分の出来事を具体的に興味深く聞いてくれた。これが、喜びです。

聞いてもらうと気持ちいいし、聞いてくれた人のことを大事にしたくなった。自分も相手の話を聞いてあげたら、その相手は自分のことを大事にしてくれるかもしれない。

このように、子どもが「聞く力」の重要性に気づいたら、すばらしいですね。

一行実践ポイント
頻発単語質問法とジグゾーパズル質問法を日常会話で実践する

④

直感で聞いてみよう

前項の「頻発単語質問法」は、テクニック重視の質問法でした。ここでは、直感をコラボさせた、心とテクニックを併用して質問する方法をお話しします。

直感を働かせるには、親が子どもに心を映します。自分と子どもの間に鏡があると想定し、子どものいる位置に自分が「いる」イメージをしてみます。

この方法には、**会話から子どもの心を察知し、心の些細な調子を感じやすくなる**、という利点があります。

心を映すことで、現実に起きたときとの時間差はありますが、今、子どものイメージの中にある、**感動のシーンに親が飛び込める**のです。

先ほどの例で言えば、子どもが跳び箱を5段とべた勇姿を、その場で見ている気持ちになれます。そう思い込むと、本当に感じられるようになれます。

では、前項よりさらにステップアップさせて、心を映しながら、質問をしましょう。

普段話題に登場しない○○君の名前が会話によく出てくるようになったら、子どもの心に飛び込みながら、「○○君はいつも笑っているかしら？」と聞いてみます。

笑っていない、と苦しそうに答えるのなら「○○君に何かあったのに、自分は助けてあげることができなかったのかな」「○○君っていじめられているの？」と聞いてみましょう。子ども自身では解決できないけれど、どうにかしたいという気持ちを察してみます。

どうにかしたい、という心の深いところの気持ちが、会話に○○君の名前を登場させているのかもしれません。このとき、頼りにできるのは、親の直感です。

もうひとつ、昨日まで会話によく登場していた友達の名前が、急に出てこなくなった場合で考えてみましょう。

さらっとその友人の名前を会話に出して、子どもの感情の変化を読み取ります。

「喧嘩している」と理由を言葉に出せるようなら、解決は子どもに任せて見守ります。

でも、返答がなければ要注意です。昨日まであった興味や、仲良しの感情がなくなっている場合があります。

もう一度、その友人の名前を会話に出してみましょう。

再度その友人の名前を耳にして、**子どもの顔色と目が曇るのを親の直感で感じたら、**

放っておかないことです。

一番気をつけたいことは、わが子と友人、2人だけの問題ではなく、いじめグループに何かしらの理由でその友人が加わり、いじめる側に立つような事態になってしまっていないか、ということです。

いじめる側（特に主動する子）は、いじめを楽しんでいます。感情の赴くままにいじめの対象を攻撃してきます。

仲のいい友人とのつながりを引き裂くことで、わが子がより苦しむことを「承知」したうえで、そうしたのかもしれません。

大人でも、友人の「裏切り」に対して傷つくことはあります。でも、大人には今までの経験から、心に負う傷への免疫があるものです。

これに対して子どもは、「免疫」がゼロに近い状態です。事情を聞いてあげましょう。

場所を移しての対話も効果的です。休日にちょっと遠くへ出掛ける、お気に入りの公園を散歩する、あるいはファミリーレストランでパフエを食べさせながら、ドライブしながら、と気分転換できる状況を演出し、話を聞き出します。

心の傷は、小さいうちなら修復できますが、大きくなるまで放っておくと短期間での修復ができなくなってしまいます。

友人の名前は重要単語だと気にかけてください。

直感で聞くということは、「声に出せない言葉」を感じることと、ポロッとこぼしたひと言から子どもの悩みを読み取ることです。

聞くことは、子どもの折れかかった心を立て直してあげることができる威力を持っています。親の直感で「どうしたの？」「何かあったの？」と聞くことは、子どもの心をケアしてあげるだけの威力を持つはずです。

一行実践ポイント

直感質問術で子どもの声なき言葉まで「聞く」

⑤

「心の奥深く」の声を聞く力をしつける

「心の奥深く」の声を聞く力の重要性は、**頭で考えて出す答えより、道理にかなった判断を下してくれる**ところにある、と私は考えます。

粘りどころで、頭ではやめてしまおうか、と考えたのに、心が「やめるな」という判断をする、進路選択で、頭では楽なほうを選ぼうと考えたのに、「困難な道を選べ」という判断をする、悪友から「悪い行ない」に誘われたとき、頭ではやってみたいと考えるが、「悪いことはダメ」と判断する、などの経験は、誰しもしたことがあるのではないでしょうか。

頭で考えたこと、つまり心の表層の部分で、さっと思いついた考えで行動するか、もしくは、心の奥深くの声を聞くかで、子どもの「正しさ」と「品」がわかります。

それぞれの親が抱く「正しさ」「品」のイメージを基準に、しつけをしましょう。

分を知り、わきまえることを「品」だと親が思うのなら、その「品」をしつければいいのです。理想論ではなく、現実的にしつけられることを実践することが重要です。

子どもにとって「心の奥深く」の声とは、親にしつけてもらった「正しさ」と「品」だと言えます。

例えば「人の心を傷つけてはいけない」という価値観を、あなたが持っているのなら、それは親から何度も聞かされて、心の奥まで染み込んでいった「正しさ」と「品」を基準にした「しつけ言葉の残響」だと思います。

心の奥深くの声を聞けるということは、残響を聞き取る状態であるということです。

あなたの子どもが、残響を聞き取っている姿を思い浮かべられますか？　もし、描こうとしたイメージと、子どもの日常での状態がかけ離れているのなら、残響を聞く力をしつけていきましょう。

心の奥深くの声を聞くには、これまでにも述べてきましたが、**心の奥深くにアクセスする練習**から始めましょう。

人が歩くほど、山の草むらにも登山道ができてくるように、連日、何回も何回もアクセスし続けると、慣れてきます。

具体的なアクセスのイメージには、「丹田の奥」を使います。

5章では、耳やカメラをイメージしましたがここでは、**「丹田の奥」にもうひとつ脳があるとイメージ**します。この、もうひとつの脳に質問するイメージです。

丹田の奥に、もうひとつの脳があることを子どもがイメージできたら、親は質問をしましょう。

例えば「なぜ、人の心を傷つけてはいけないの？」と聞きます。すると子どもは、丹田の奥の脳で必死になって「考える」ことでしょう。

このとき、身体全体を駆使し、記憶していることを振り返っています。

丹田の奥で、という準備状態をつくらないまま、この質問をすると、賢い子ほど、「大人受けする回答」を頭で考え出します。

必死に「丹田の奥」で考えても、答えが見つからないことだってあります。

親は、子どもが答えを見つけられないのは、自分たちの責任だと思ってください。まだ答えられない事柄については、親のあなたが子どもに語っていなかったことなのです。

では、親は何を子どもに語ればいいのでしょうか。語る内容のマニュアルやカリキュラムは不要です。

親の直感で、今、**子どもの心に「正しさ」と「品」に関する、「伝えておいたほうがいいと感じたこと」を語ってください。**

丹田の奥の脳をイメージする、心の奥深くへのアクセスの練習と並行して、何度でも繰り返し、伝えておきたいことを語りましょう。

この練習を続けると、子どもの雰囲気が目に見えて変わり始めます。落ち着きが出て、肚《はら》がすわったような感じになってきます。

その理由は、親が授けたしつけの言葉の残響が、心の奥深くにどんどん積もることを実感できるからです。

親が子どもに「しつけておきたいこと」を語るとき、子どもは親の愛を実感します。**親の愛を体感しながら、子どもの心は成長していく**のです。

一行実践ポイント

「心の奥深く」にしつけを届ける

9 章

Rule 9

「合掌」の心を話し合う

①親子で行なえる合掌の稽古

「合掌の心」とは、思わず手を合わせたくなるような**「敬い」に満ちた心のコンディション**のことを指しています。

恥をかかない大人に育てるしつけの集大成として、この合掌の心のしつけがあります。

昨今、「すべてを愛で受容する」ことばかりを、子育てのコツのように捉える感があります。しかし、あまりに愛を強調し、甘やかしたせいで、子どもが自制心をなくし、図に乗るような現象が起きていると感じます。

図に乗っていては、いつかきっと頭を叩かれます。実際に暴力を受けるという意味ではなく、相手にされなくなるのです。

ですから愛だけではなく、子どもの「敬い」の心を刺激することで、尊敬する対象に比べて自分はまだまだ足りない、と気づく**「自分を省みる心」**と**「恥ずかしいと思う気持ち」**をしつけていかなくてはなりません。

これらの気持ちは、尊敬するような人格に触れたときに起きます。ですから、しつける親が、「子どもから尊敬される人」でありたいのです。

「合掌」の心を持つということは、**感謝、尊敬、信仰という心、手のひらを合わせること**の**意味を心得ている**、と言い換えることができます。身近なところで言うと、先祖供養はまさに、感謝、尊敬、信仰の気持ちの表われです。

9章では、「合掌」の心を、あらゆる場面からしつけていく方法をお話しします。まずは、親子で合掌の形に親しむことからはじめましょう。

挨拶や会話で、人と同じ言葉を同時に発声したとき、なぜか親近感がわいた、という経験はないですか？　声以外でも、お互いに同じ身体の部位を重ね合う行為は、日常でけっこう活用されています。

日本人はあまりしませんが、身体も頬も重ね合わせる「ハグ」はわかりやすい例です。また、一般的な挨拶でも、お辞儀だけでなく、手と手を重ね合わせて握手をし、よりいっそうの深いコミュニケーションをはかろうとしますね。

両者の同じ部位を重ね合わせる行為が、コミュニケーションを深めるのに効果的だ、ということはご理解いただけましたでしょうか。

この仕組みを活用することで、親子のコミュニケーションをはかります。

親子で「ありがとう」という言葉を同時に重ね合わせて発声し、親近感以上の一体感を確認します。一体感とは、親子がまるで融合したかのような感覚のことです。なんとなくでもいいですから、子どもが自身の中に生まれた一体感を確認できるようになれたら、子どもと向き合って合掌の稽古を始めます。手順は次の通りです。

・両手をみぞおちの前で合掌させ、まずは一人合掌

形だけではなくて、一体感の確認がより進むように、手のひらから手のひらに何かが伝わっていく、イメージトレーニングを行ないます。

温かさが、左の手のひらから右の手のひらへ染み込むようなイメージで、手のひらを合わせます。どんな感じがしたか、子どもにたずねてみましょう。

次に、右から左も同様に行ない、このときも、子どもに感想を聞きます。

最後に、左右双方から温かさを染み込ませるイメージで手のひらを合わせ、どんな感じがしたかを確認します。

・親子お互いの手のひらを合掌させての一体感確認稽古

仕上げは、親子で向かい合って、親の左手のひらと子どもの右手のひらを合掌させます。

親から子どもへ「感謝の気持ち」を染み込ませます。今度は子どもの左手のひらと親の右手のひらを合掌させ、子どもから親へ「温かさ」を染み込ませるイメージをします。最後は両手で行ないます。すると、染み込ませた温かさと感謝の気持ちがグルグルと回り続けるイメージを共有できます。親は子どもの温かさを感じ、子どもはお母さんの感謝の気持ちを感じ、稽古を終えます。

合掌をしつけるには、このように親子が一体感を感じられるしつけをおすすめします。親と同じことを一緒に体感するだけで、子どもは最高に喜びます。最高の喜びを感じる仕組みをしつけに利用するのです。

一体感、つまり融合した感じが喜びとして印象に残り、子どもが進んでしつけられた言動をするようになります。だから、親子融合型しつけは受け入れがスムーズに進むのです。

また、合掌は子どもに**「人との関わりを積極的に持とうとする意欲」**もしつけられます。声、歩み、見方、目的、理解、感動など、**誰かと重ね合わせるものの数が多いほど、幸せ**なのではないか、と私は思います。子どもには、一生幸せに生きてもらいたい、と願うのが親です。だからこそ、人との関わりを積極的に持とうとする意欲のしつけにもなる、合掌のしつけは、しっかりしておきたいのです。

また、合掌をしつけると、大いなる存在や、恐れ多い存在を心に抱くようになるので、厳粛な心持ちになり、謙虚になれます。謙虚になれると、子どものわきまえや落ち着きに磨きがかかります。

親にできることは、神社仏閣、世界遺産、もしくは、自然への畏敬を十分に感じる名所を訪ねて、合掌の対象と、子どもが数多く出会えるように外出することです。

合掌のしつけは、子どもの人生に大きな影響を与えるしつけになります。

人との関わりを積極的に持とうとする意欲と、天（神仏、信仰対象としての自然）とのつながり意識を持てた子どもは、たくさんの幸せを享受することでしょう。

いい人々に囲まれて生きる、理想的な晩年があるのなら、その基礎は、幼少年期の合掌のしつけにあると言っても過言ではないかもしれません。

一行実践ポイント

合掌稽古で敬いの心を身につける

②

丹田探しと合掌体操

「自分の外」に関心を向けていないと、取り残されてしまうのではないだろうかと焦るほど、情報処理に忙しい時代になりました。

特に、子どもは成長過程にありますから、「自分の外」だけに関心を向け、他者との比較がすべてだと思ったまま成長してしまう危険性があります。

「自分の中」、つまり「心の奥深く」へ関心の向きをシフトさせるしつけが必要です。

自分の中へ関心をシフトさせると、心を上手に見られるようになります。そうすることで心の理解が進み、やがて心のいじり方、活用の仕方を見つけ出せるようになるのです。

心は形がないものですから、ここでは丹田を「心」と認識します。丹田を「いじる」とは、丹田の奥に行ってみたり、戻ってきたりというイメージをすることです。

丹田は身体の中央点ですから、そこに意識を集中させられているということは、もうすでに、自分の中へ関心がシフトした状態になっています。

これまでも丹田の奥をイメージするしつけは述べてきましたが、自分の中にきちんと関心を向けるためにも、ここで改めて丹田を認識する方法を説明したいと思います。

丹田を探すのに効果的なのが、「合掌体操」です。

体操を始める前に「丹田は身体の重心だから、ここを探せると身体バランスがよくなって、運動が上手になるよ」と、子どもに合掌体操の意義を説明してあげましょう。

この体操は、**身体の形**と**込める思い**に注意しながら、顔、胸、丹田の前で合掌をします。丹田を認識できるようになれば、心のしつけはスムーズに進むようになるでしょう。

顔の前で合掌

【身体の形】両手のひらで水をすくい、飲む動作をします。飲み終えた手の先端を眉間につけて、息の出入り口である、口と鼻を包む形にして自分の呼吸をしっかりと感じてください。そこから手のひらを徐々に合わせて行き、合掌します。

【込める思い】人間の身体の約80パーセントは水分だと言われています。水を、両手のひらですくって飲みつつ、「自分の中」のほとんどを構成している水に感謝します。

また、人は息をして生きています。手のひらで息を包むと、呼吸の音や空気の動きを感じることができます。空気にも感謝します。

胸の前で合掌

【身体の形】顔の前の合掌を、手首がみぞおちの高さになり、両腕が水平一文字になるまでまっすぐ下ろします。このとき、両手のひらと腕は垂直になっていることを感じます。

全身を鏡に映して、身体の上下と左右のバランスを整え、目を閉じてバランスが整った状態を記憶します。今整えた上下のラインが、頭頂から丹田を経て真下に届いていることをイメージし、全身に広がった上下のラインを頼りに、前後のバランスも調整します。

難しいイメージ法だと思われるでしょうが、子どもはイメージ上手ですから、親子一緒に取り組む覚悟を持っていれば、必ずイメージを描けるようになります。

慣れてくると、丹田の奥を「内」、目に見える世界を「外」だと捉えて、内外のバランスまで取れるようになります。左右、上下、前後、内外の4つのバランス感覚が身につきます。

【込める思い】バランス感覚が身につくと、身体の偏りがなくなり、リラックスした姿勢ができあがり、身体の中にはスムーズな流れ（気流）が起こります。

武道では、気は人を動かしているエネルギーのようなものだと考えます。ですから、気の流れを妨げる偏り（力み）はないほうがいいのです。

丹田の前で合掌

【身体の形】胸の前の合掌を、さらにまっすぐ下ろします。合掌したままの手首は、臍《へそ》の前あたりより下にはいかないでしょう。

その位置で、手の先端を下に向け、指の先端を股間の高さに合わせます。股間と臍の間、先ほどの上下に伸びたラインと重なるところに、丹田と呼ばれる身体の中央点があります。なんとなくでも丹田をイメージできたら、見つけた丹田を見失わないように、両手のひらで包み込む意識で、合掌します。

【込める思い】口と鼻は空気の出入り口です。丹田は気の出入り口だと考えます。そこから、元気の気、勇気の気、根気の気が入ってくる。そして、傷ついた気、弱った気、諦めの気が排出されるイメージです。

一行実践ポイント

丹田を見つける「合掌体操」をマスターする

③

先祖供養の合掌で気づかせたい5つのセンス

先祖供養の気持ちは、子どもにしつけておきたいものです。血のつながりは、いろいろな経験をするうちに気づくものですが、自分の存在は遠い先祖から脈々とつながっていると、子どものうちに気づくことはとても大切だと思います。

なぜかというと、長い歴史の一翼を自分も担っていかなければ、というような**「役割意識」の「タネ」を子どもの心にまく**ことになるからです。

この役割意識は、「権利と義務」を認識するセンスのしつけにも生かされてきます。

子どものうちは「してもらう」という権利意識しか持っていませんが、役割意識の芽生えがあれば、してもらうだけではなくて、何かをしなくてはならない存在なのだ、と義務に気づくことが期待できるのです。

子どもにはそんなことわかるはずがない、と勝手に思っている大人が多いのですが、伝えようとしないから伝わらないのであって、私の道場では伝わっています。

彼岸に家族でお墓参りする姿を目にすると、心が安らぎませんか？　不思議なことですが、やはり先祖供養を大事にする心に共感するからだと思います。

先祖供養を通して、子どもに気づいてほしいセンスのひとつ目は、**長い歴史の一翼を自分も担っていかなくては、という役割から芽生える義務意識**です。

先祖たちの生きた時代と、今の時代の隔たりを改めて思うことになれば、子どもは2つ目のセンスとして、**長期的な時間軸の思考を持つ**ようになります。

例えば、おじいちゃんのおじいちゃんはお侍さんだった、と親が話せば、子どもは空想します。このことは、この本で幾度もすすめている夢の話をする際に役立ちます。

なぜ夢の話に、長期的な時間軸での思考が必要かと言うと、人生に関わるぐらいの夢の実現には、少なくとも10年ほどの時間を費やすからです。

形的にはもっと短期間で夢を実現できたとしても、10年は経たないと、その夢は本当にかなったのか、の判定は下せないのです。

子どもと夢の話をするときに、このこともきちんと伝えれば、夢実現への取り組みに、さらに覚悟ができることでしょう。

将来理想とする自分の姿を、浮ついた感覚ではなく、地に足をつけて現実的に見るようになるのです。

この気づきも早いほうが、勉強も稽古も充実した時間を多く積み重ね、他と大きな差をつける結果を勝ち取ることができます。

先祖供養で気づかせたいセンスの3つ目は、**血縁を次世代につなぐ**ことは、当たり前にやらなくてはいけないことだ、という認識です。

将来的には自分は結婚し、子どもを産み育てるのだ、という意識を心の奥底で持っていてほしいものです。

先祖について語るときは、同時に子孫のことも語りましょう。

はじめてわが子を抱き上げるシーンをイメージさせ、お父さんになった僕、お母さんになった私を想像させるのです。

4番目に気づいてほしいのは、このグローバル社会を、**差別なく生きる**センスです。

あなたは、何代前までの先祖に対して供養をしていますか？　親は2人、祖父母は4人、その上の代には8人……と計算すると、莫大な数の先祖がいます。10代も遡れば、数千人のご先祖様の血脈を引き継いで、自分がここにいることになります。

ここから想像を広げて、万代先まで先祖供養したなら、世界中の人が同じ人に手を合わせているかも知れません。

ですから「世界中のほとんどの人が親戚よ。だから、学校や習いごとに外国人の友達がいたら、積極的に仲よくなってみようよ」と話して聞かせましょう。

これは、宗教間、宗派間の対立をナンセンスだと思うセンスを身につけることにもなります。万代前まで遡れば、無数に近い先祖がいたのです。先祖には、ありとあらゆる信仰があったことでしょう。

今、それら多様な信仰をもった先祖の子孫として、自分が存在している事実があることに気づかせましょう。

最後に、**ご先祖様の御恩に報いる気持ち**をしつけましょう。

先祖にお願いするばかりではいけません。命日にはお墓参りをし、毎日仏壇にはお線香をあげて、合掌し供養しましょう。

一行実践ポイント

合掌で①義務②長期思考③血④反差別⑤供養をしつける

④

「和の精神」をしつけて周りから好かれる人に育てる

「和の精神」とは「あなたのために私にできることは何ですか？　あなたが先に喜んでください。私はそのためにあなたのお手伝いをします」という、**相手を優先する美しい心**のことです。

いろいろな考え方がありますが、私が子どもに和の精神のしつけをおすすめする理由は、人間は、**精神性をしつけないままにしておくと利己的に育つ可能性が高い**からです。

子どもが接する社会の現状は、利己的な思考と行動が多いため、自然とそのように育ってしまうのです。例えば、子どもと向き合えない親の存在などです。

和の精神の価値観を早い時期に知ると、成長期に心の葛藤を多く体験することになります。自分のことで精一杯な心境のとき、それでも他人に対する思いやりの心を持てるかどうかで、子どもの性格形成は決まっていきます。

他人のことなど構っていられない、と思いやりの心を働かせずにいると、利己的な性格が形成されます。反対に、**和の精神の価値観をしつけられた子どもは、自分が苦しくても、他人のことを捨て置けない気持ちがある**ので、葛藤が起きます。

この葛藤が起きているときは、人としての心を育んでいる真最中なのです。葛藤するからこそ、自分の中で、利己の心と和の精神がせめぎ合い、両極の心を見つけることができるのです。

幼い頃から、和の精神をしつけることで、少なくとも「利己の心」を自分の中に発見するまでのステップは、踏んでいることになります。

もちろん、幼い時期に利己の心の退治まですませるに越したことはありませんが、そんなに簡単なことではありませんから、自分の中に「利己の心がある」、ということを知っておくだけでも、和の精神の基礎を身につけていることになります。

幼いほど、吸収力は高いです。道場の稽古においても言葉を理解できる年頃の子は、技の習得は確かに早いのですが、いざ本番の技術力となると、幼児期の早い頃から手習いを始めている子どもの自然な動きには及びません。

心も同じです。いい心というものは、幼い頃に手習いを始めるかのように、しつけていくに越したことはありません。

最高レベルといえる精神性「和の精神」の価値観を見せることが大切なのです。

では、和の精神のしつけ方をご紹介します。親が和の精神に徹してみせましょう。子どもを愛するには、**自分が親から受けた「愛」の中から、これは今でも効いている、と感じることを実践**します。祖父母から両親へ、そして子どもへの「愛」の継承です。

とはいえ、気合を入れすぎると親が疲れてしまいますので、「愛の補給」を忘れないようにしてください。愛を補給するには、ご自分の両親との思い出を振り返るといいです。今でも、思い出すだけで心が潤う、愛を感じた「あのひと言」「あの出来事」がきっとあるはずです。その「愛」を、今度はわが子に届けましょう。

子どもに尽くすばかりで、心が枯れてしまいそうなときだってあるかも知れません。そんなときは、子どもに愛を届けたくてもうまくはいかないものです。

親に会って「愛を補給」しましょう。会うのが無理なら電話でもいいのです。もしくは、人間愛に関する愛読書を読む、心が潤うようなＤＶＤを観るなどして、必ず愛の補給をしてください。補給をしてこそ、愛を受けると心が癒されることが理解できます。

大人である親が感じる以上に、子どもは「愛を受けること」に敏感です。**「愛」が子どもの心を潤し、その心があるから、くじけないでいられる**のです。

また、「できるお母さん」ほど気をつけてもらいたいことがあります。

お母さんが、わが子のために、と日々のスケジュールをこなすことを、子どもはまだ「愛」だと理解できません。

お母さんが奮闘している間、子どもは「放っておかれている」と感じ、愛を受けているとは実感できていない可能性に気づいていただきたいのです。

子どものために、と日々忙しく動き回ることで、子どもに寂しい思いをさせていないだろうか、子どもが日々のスケジュールのひとコマ、になってはいないだろうかと振り返ってみましょう。

家族の心、子どもの心が豊かになることに焦点が絞れたとき、お母さんは最高レベルの「和の精神」を持つことになります。

そして、そんなお母さんの言動一つひとつが、子どもに見せることのできる「和の精神」の模範なのです。

一行実践ポイント

相手を優先する美しい心＝「和の精神」は、親が見せるしかない

⑤ 家族で家訓をつくって、毎朝暗唱＆実践＆報告会

先祖代々、生命を引き継いでくださったおかげで今の自分は存在する。この事実を忘れないためにも、合掌し感謝することは重要です。

家訓は、その引き継いだ生命を、より活かしていくための「家の思想」でもあるのです。

家訓をつくることで、「家」に対する意識が生まれ、この家が今あることを先祖に感謝することにつながるのです。

私が道場を運営する中で、メインで教えていることは、実はスポーツや格闘技ではなく、「心」です。

「心」の基礎になる感謝を家訓ならぬ「道場訓」として、稽古の最後に全員で暗唱しています。私の道場の道場訓、「感謝三訓」は、**心に感謝、日に感謝、母に感謝、**です。

この3つの言葉の解釈を考えたり、他の単語に置き換えたりすれば、子どもに対する感謝のしつけはほとんどクリアできます。

【心に感謝】すべての物事のきっかけとなり、自分をその物や事につなげてくれたのは心だと捉え、心に感謝します。例えば父親。父親の心は、子どもの生命誕生のきっかけですから、自分を誕生させようという心を持っていてくれた、父親に感謝をするべきです。

自分が今ここにいることも、目に見えない誰か、何かのおかげです。

【日に感謝】言葉通り、太陽への感謝です。太陽系にある地球の生命は太陽の恩恵で生き続けています。

その太陽が自然の一部であるように、地球、空気、重力も自然です。自然は、私たちが生きる「環境」そのものです。

身近なところにも、感謝するべき「環境」があります。家庭を家族の「環境」と捉えるなら、家族に奉仕する和の精神を身につけた母は、家庭の太陽と言えます。

【母に感謝】常日頃から身の回りのサポート応援してくれる存在を「母」だと捉え、感謝します。

私のような道場の先生も「母」と置き換えられます。幼少期の5年~10年の間、褒め、鍛え、慰め続けて、しつけの面倒を見ていく立場は母と同じです。

このように、家の思想も「三訓」にまとめると暗唱しやすくなりますので、家訓を3つ、毎朝暗唱する習慣をつけてみてはいかがでしょうか。

家の目立つところに家訓を貼り、合掌しながら、毎朝唱えるのは非常に効果的です。**各家庭の根本となる考え方、ポリシーが自然と子どもの心になじんでいきます。**

お母さんも一緒に唱えてあげるといいでしょう。

3つの家訓のつくり方と実践法をご説明します。

まずは両親で話し合い、10個の家訓候補をメモ形式で書き出し、家族会議を開いてそのうちの3つを選びましょう。

決定したら、家訓暗唱の開始日を決めます。暗唱する場所、時刻など細かい決まりも、全員で決めます。

そしてお父さんが、毛筆で書き上げ、リビングの上座の高いところに貼りましょう。

暗唱することが習慣になるまで、6章で紹介したように、カレンダーに花丸を書き込んで、モチベーションをキープしながら続けます。

週に1回、家訓の実践報告会を開催するといいでしょう。3ヶ月、計12回の報告会が開催される頃には、暗唱が習慣になっているはずです。

家訓の実践とは、家訓にある理念を貫いた行動をとることです。報告会では、家族がそれぞれ家訓の通りに行動できたかを話します。

12回の報告会がすんだら、新たに3つの家訓を検討し、決定するところから、また繰り返します。

家訓をつくることで、「家」はみんなで守るもの、という意識が生まれます。

家族全員で暗唱することで、家族の連帯意識が高まります。「家」の先祖への合掌の心もこの連帯意識によってさらに深まり、感謝の心が自然と育まれることになるのです。

一行実践ポイント

3つの家訓を家族全員一致でつくり、実践する

10 章

Rule 10

「師事」する心をしつける

1

親子2人だけの車中トーク

「子は親の鏡」という言葉があります。子どもは親に似るものです。

稽古もまた、弟子が師匠に心を映し、鏡に映った師匠と自分の誤差を見つけ出し、そこを埋めていく、似せていく、というのが本来のやり方です。私が、しつけと稽古は似ている、と考える理由のひとつです。

つまり、子どもは稽古本来のやり方を無意識に実践しています。

親が、**子どもにとって自分は師匠でもあるのだ、という認識を持って、教えたいこと、伝えたいこと（しつけ）を自身が実践していればいい**のです。

そうすることで、**子どもは勝手に真似をします。**

私は、息子が5歳になった翌日に道場を開館させました。父として、幼い頃にしか吸収できない何かを、息子に伝えたいという気持ちが、以前からの道場を持ちたいという夢を早期に現実化させた原動力のひとつになったと思います。

稽古のある日は、車で保育園に息子を迎えに行き、息子を乗せて、40分ほど車を走らせた場所にある道場へ向かいました。

この車中での会話は、息子の耳にはっきりと残っているようで、先日「保育園から道場へ向かう車の中で、お父さんが話してくれたことが、俺の考え方の根っこになっている」と話してくれました。

最近は、昔ほど機会もないのですが、今でもたまに2人だけの車中トークをしています。幼い頃のように私の一方的な話だけではなく、対話をしています。

よく思い出してみると、道場へ向かう車中、私は真剣に語りかけていました。空手のことだけではなく、人の生き方、私の生い立ち、息子が生まれてきたときの情景やその時の親の感情、息子が赤ちゃんだった頃のエピソード、社会で起きた事件や出来事をどう捉えるか、などなど。

5歳の子どもにとっては難しいと思われる内容についても、まるで、大学院生を相手に話すような言葉で語り、息子は、真剣な話を真剣に聞いてくれました。

一緒に歌ったり、面白い話を創作したり、2人だけの楽しみも味わいました。

この車中トークで多かった話の内容は、どう生きたらいいか、というものでした。

車中で、2人だけで会話する利点を挙げてみます。

・他の人が口を挟んでこないから、**2人だけの会話が楽しめる**

・行先までのドライブ、と**時間が限定される**ので、楽しい話ならもっと聞きたかった、と印象に残るし、嫌な話でもズルズルと長引かない

・同じほうを向いて話すので、**向かい合って話すより、コミュニケーション度が高まる**

・横並び、もしくは前後で話すことになるので、**普段では面と向かって言いづらいことも伝えられる**。互いに照れずに褒められるし、ズバッと叱っておきたい話を伝えきれる

などです。さらに、ドライブが好きなタイプ同士なら、まずドライブ自体を楽しめるので、機嫌よく会話を始められる、というメリットもあります。

・お父さんは「お母さんがお前のことを褒めていたよ」と子どもに伝える。お母さんは、「お父さんがあなたのことを褒めていたよ」と伝える

・子どもにとって、夫婦円満はとてもうれしいことなので、その場にいないパートナーのことを褒める

・保育園（幼稚園、小学校）での自慢話を聞いてあげる

などのテクニックを使うと、より楽しい雰囲気をつくれるでしょう。

話題については、私が息子に語りかけていたようなテーマの他に、学ぶことはどれだけ大切なことか、夫、妻と出会ったいきさつと恋愛の思い出など、普段家ではなかなか話さないことを話すのもおすすめです。

叱りたいときは、例えば、子どもが友人の持ち物にわざと傷をつけてしまったことを叱っておきたいと思ったら「お父さんが大事にしているこの車に、誰かがわざと傷をつけたら、お父さん悲しいよ。悲しむお父さんを見たら、お前も悲しくなるだろ。お前が友だちの持ち物にわざと傷をつけたのも同じことだよ」と、**客観的な視点で子どもが自分のしたことを反省できるように話してあげましょう。**

しつけは、**人そのものの気品や、精神性を高める働きかけ**でもあります。

その働きかけであるしつけを、時間をムダにせず、お金もかけずにできる素晴らしい機会ですから、ぜひ挑戦してみてください。

一行実践ポイント

2人だけの車中トークで親の考え方を子に伝える

② 子どもを師事させる前に知っておきたいこと

子どもは、親が大事に接しているものを大事なものだと認識します。私は、自分の師を大事にしようと思っていますので、子どもたちは、私の師を、大事にしなくてはいけないもの、と捉えています。

現在、稽古教育を地域の子どもたちに提供できるのは、私が40年近く空手道の修行を続け、空手という技術を伝達できる能力を、師から授けていただいたからだと思っています。

小学4年生の頃のエピソードです。先ほどもお話ししたように、私は、父の鶴のひと声により、有無を言わさず空手道場に入門することになりました。

私を道場に連れて行った母は、「どうか入門をお許しください」と言って、頭を深々と下げました。しかも、道院長が「わかりました、もう頭を上げてください」と言うほど、長い時間のお辞儀をしたのです。

母のお辞儀を見ていたら、理不尽な父の命令に傷ついていたことなど忘れてしまいました。また、入門とは、こんなに頭を下げてお願いしなくてはいけないほどのことなのだ、と知りました。親がこれだけ大事に接する道院長は、きっと偉い人だから、私も大事に接しようという心を持ちました。

つまり、**親が尊重する人を、子どもも真似して尊重する**のです。

私がこの頃、一番大事なことだと感じている、師の教えについてお話しします。

それは**「肚をもった生き方をしなさい」**です。恩をきちんと返しなさい、それも、普通では気づかない恩まで見つけて命がけで恩返ししなさいという教えです。

ということは、**「何かをしてもらってお返しをするのではなく、先に最大限のお礼から入る」**くらいの覚悟を持っていないと、恩を見落としてしまう気がします。

正直、愚かな私はこの教えを理解できない時期がありました。

でも、よく育つ弟子とそうでない弟子を比較するだけの月日があったおかげか、最近になって少しずつこの教えを理解できるようになりました。

こちらがお願いする前から、もうすでに「場」を授けていただいているのに、授けられる側がそのことに気づかず、お願いばかりするということは、もらいっ放しになってしまっていることになるのです。

まず、「場」に「一歩足を踏み入れる」ことへのお礼から入る、ということです。引っ越しをしたら、その土地の氏神様にお参りして挨拶をする、という身近な風習と近い考え方だと言えます。

今思えば、母があれだけのお辞儀をしたのには、息子を入門させたいと思うような道場を開いてくれていた、師へのお礼の意味もあったのでしょう。

師は、生きる技術も、課題も授けてくれます。子どもを師事させましょう。

幼い子どもに代わって礼を尽くすのは、親の役目だということを忘れないでください。

まず、こちらが先にお礼から入るのです。

一行実践ポイント

子どもの前で師に深々と頭を下げて見せる

③ 「子どもの心の建築」に必要な4本の柱

「子どもの心の建築」とは、子どもが個性を発揮できる技能を持って、社会に貢献し、マナーもルールも倫理もわきまえながら生きていく土台となる心をつくることです。

4本の柱がないと、家は建ちません。家を建てる際に4本の柱をしっかり立てることを、子どもの心をしつける際に4人の師としっかりつながることと、置き換えてみましょう。

柱に梁と屋根、壁などをつけ加えていけば家になります。同じように、4人の師から稽古をつけていただいた心と技能があれば、その心と技能に、何かを付け加えていけば一人前になれるのです。

私が考える、子どもにとっての4本の柱とは、①**父親**、②**母親**、③**子どもの理想像（夢、将来なりたい憧れの人物像）**、④**外の師**、の4人です。

この本の「しつけ」に挑戦してみよう、と思われた方が、1本目の柱です。2本目の柱になってもらうパートナー、あるいはご家族、ご友人への協力要請が課題になります。

3本目の柱は、子どもの心の中に描かれた理想像です。理想像が鮮明なほど、理想に向かって努力し続ける粘り強さは増し、諦めなくなります。

4本目の柱は、例えば私のような、道場の先生など、家庭の外の師です。

このように、子どもの心の建築に必要な4本の柱には、今この本を読まれている、あなたが含まれています。

この本は、子どもにやらせるだけのしつけではなく、子どもにしつけたいテーマを自分にもしつけ直す作業を同時進行で進めると、効果を生む内容になっています。

なぜ、子どもをしつけるのと、自分をしつけ直す作業を同時進行することがしつけに必要かというと、**親が変わると子が変わる**、という事実が存在するからです。

学校の担任は1年で交代ですが、私は、入門から黒帯をとるまで、短くて5年、長くて10年、子どもを見続けます。

道場では、親が私の話を聞き「変わらなきゃ」と気づき、きちんと育て抜く、という覚悟と信念を持つように変わっていきます。

ここに気づいた親の成長と子どもの成長は、比例します。

道場稽古を見学できない、フルタイムで働くある親御さんは、子どもから道場であった話を聞き出し、そのことを子どもと共有して、親子共に成長しました。

あなたの子育てへの関わり方で子どもを変えることができます。

前向きに関われれば、子どもの目の輝きは増し、後ろ向きに関われれば、子どもの目は死んだ魚の目のようになります。

まず1本目の柱であるあなたが、子どもにしつけたいことを実践できるように変化します。子どもはそんなあなたを見て変わります。

そうしたら、2本目の柱となるお父さん、お母さんに子どもから「僕この頃変われたよ」と報告をさせましょう。

パートナーが子どもの変化に興味を感じ始めたら、月並みですが向き合って話し合うことです。「子どもの成長のために心のしつけをやってみようと思うから、協力してほしい」と真剣に語りかけ、説得するのが最良の方法です。

3本目の柱となる夢、将来の理想像の大切さは、これまで述べてきた通りです。

また親の愛情には、甘えを許すもろさがあります。だから、外の師、つまり親以外の師をつけたほうがいい、というのが先人から伝わる教えです。
私もある本でそのことを知り、5歳から私の道場で空手道を学んでいた息子を、外に師事させせました。

息子を見ているとわかりやすいのですが、**一線をきちんとわきまえて接している点が、外の師との師弟関係のよさ**だと感じます。

親子となると同じ屋根の下、夫婦喧嘩や横になっている姿だって見せます。甘やかしてしまう部分も、どうしても出てきてしまいます。

親だけが師では、社会は甘さが通じる、と勘違いした子どもに育ててしまう危険があります。私に対する生徒たちを見ていてもそう感じます。

苦しいと感じても、先生はこのぐらいではやめさせてくれるはずがない、ましてや愚痴をこぼしたらもっと叱られるはず、やるしかない、頑張るしかない、というい意味での「開き直り」で、自分の弱音を打ち負かしています。

一行実践ポイント

まずは、親が師になり、次に、外の師につける

④

「マンション引っ越しイメージ法」

師弟関係は、ある意味では親子関係よりも深い、と言われます。親子の関係は幼年期から成長とともに互いの距離が自然と広がるのに対し、師弟の関係は、弟子が師との距離を縮めようとし、師もまた、弟子の「師との距離を縮めたい」という努力に親身になって応えていくからです。

弟子は師の技術、人格に憧れ「自分も師のようになりたい」と欲求します。

その欲求を満たすために、私が編み出したのが道場で実践している「マンション引っ越しイメージ法」です。幼い子どもにも理解しやすいようで「こうやると、ひとつずつ心を変えることができるから、全部できたら本当に強くなれそうだ」と目を輝かせて取り組んでいます。

ご家庭でも手描きのマンションの絵を教材にして、簡単に取り組めます。

まず、マンションの絵を用意します。5階建て、各階3部屋の15戸のマンション、つまり横列３マス、縦列５マスで15マスの表のような絵になります。

最終目標は、15戸とも「いい心」と「強い心」に引っ越してきてもらうことですが、完璧は難しいので、目標に向けて努力することを重視しましょう。

各部屋には部屋番号を記します。そして、住民の名前の代わりに、その部屋に住む「心」を書き入れます。どこのマスでもいいので、３戸は「強い心」に住んでもらいます。

例えば、１０３号室に「泣きたいときでも泣かないで我慢できる心」、３０２号室に「眠くても、毎朝自分で起きる心」、５０１号室に「ゲームの時間制限30分をきちんと守る心」と、実際に子どもが身につけている「強い心」を書き入れます。

次は、「いい心」を３戸。１０２号室に「弟に優しくできる心」、４０３号室に「国語の勉強を楽しめる心」、５０２号室に「トイレ掃除を毎朝している心」といった要領です。

ここからが、引っ越ししてもらいたい「心」の書き出しです。

まずは、子ども自身が考える自分の「悪い心」を３戸。２０１号室に「友達の悪口を言ってしまう心」、５０３号室に「手洗いとうがいをさぼる心」、４０１号室に「お腹いっぱいだと言って、野菜を残してしまう心」と書き入れます。

さらに「弱い心」を３戸。１０１号室に「キョロキョロして集中できない心」、２０２号室に「先生の話をきちんと聞けない心」、３０３号室に「やろうと決めたのに少したつと諦めてしまう心」のように、自分の変わりたいところを書きます。

この取り組みを続けると、**それまで気づいていなかった自分の中にある心を発見**します。残りの3戸は、そのときに書き入れるスペースとして、空けておきましょう。

新しく自分の心に気づいたら、いい悪いなどに関係なく、書き入れてください。

親は、「悪い心」と「弱い心」の住民に、退去命令を出せるのは、子ども自身だ、ということを教え、誰に出ていってもらうかを、親子で話し合います。

子どもが「202号室の、先生の話をきちんと聞けない心に、僕の心のマンションから退去してもらう」と決めたら、親は「退去してもらった後に、こっそりと戻ってくるかもしれないよ。だから、他の心に住んでもらおう。先生の話をきちんと聞ける、強い心さんに住んでもらおうね」と話します。

そして、「新しい住民はごみの日や、近所のことに詳しくないから、どんどん話しかけてあげないと、どこかに行っちゃうかも知れない。だから、1日10回は声掛けしようね」ということも伝えましょう。

初期の段階では**「強い心を定着させるために頻繁に思い出す」**という課題まで提示しますが、2、3件の退去命令が実行され、引っ越してきた「強い心」や「いい心」の定住がうまくいったら次は、「これからは、先生の話をちゃんと聞くように心を入れ替えた、と学校で宣言する」など、子ども自身が課題を決めるように話をしましょう。

実は、心づくりにおいて一番大切なのは、**自分の中の悪い心と弱い心を認識する**取り組みです。

師弟がそっくりになる仕組みは、この「心の引っ越し」にあります。

落語家のお弟子さんが師匠の家に住み込みして、一日中、芸とは関係ない場面まで付き添うことには意味があったのです。

あらゆる場面に接し、師の判断から、師のものの見方や考え方に心を寄せていると、師には備わっているが弟子には備わっていない心が見えてきます。

「心の引っ越し」をして、師と同じ住民構成の心のマンションにする。すると、考え方やセンスが同化して、似てくるのです。

一行実践ポイント

「マンション引っ越しイメージ法」で、師の心を居つかせる

⑤

感謝を込めてお礼をする

弟子や、生徒の保護者から学んだことも、たくさんあります。中でも、雑巾2000枚を道場に寄進されたKさんのことは、一生忘れないでしょう。

雑巾は、道場の掃除に欠かせないアイテムです。私の道場では、節目節目に新しい雑巾をおろすことにしています。

入門したての頃の、真っ白な胴着や白帯を連想させるので、子どもたちに初心を思い出してもらうためにも、いただいた雑巾はありがたく使わせてもらっています。

Kさんは、孫が4歳で入門してから、高校受験のために中学2年で退会するまで10年以上、お盆前と、正月休み前の大掃除のたびに、袋いっぱいの雑巾を寄進し続けてくださいました。

孫が世話になっている道場へ寄進した2000枚の雑巾には、祖父母の愛が込められていたと思います。

一度や二度の寄進をされる方はたくさんいますが、これほど長く続けられたのは、K家だけでした。

孫であるK君は、他の親御さん方からも一目置かれるほど、しっかりした成長を遂げ、希望高校へ進学していきました。

お母さんの息子に対する慈しみもまた、すばらしいものでした。幼い息子を相手に、向き合ってきちんと話をされるシーンを見たときは、息子の人格を尊重して接しておられる、と感じました。

祖父母と母の、K君に対する思いに心打たれた私は、約10年間、弟子の成長を全身全霊でサポートしました。


今よりもはるかに、「師弟」という関係が身近なものだった江戸時代には多分、このご家庭のように「師に対する礼」を実践する方が数多くいたのでしょうが、現代において、このような一家に出会えた私は、幸運だったと思っています。

本当の師弟関係とは「誠意」と「肚」のやり取りのことなのだ、と気づくことができたからです。

私のK君への思いやりと、K家の礼の心は、言葉にはできない絆として双方が感じています。そこには「誠意」を尊重し、継続させる「肚」があったからです。どちらにもやり抜く気概があったような気がします。

先述した、私の恩師の「恩をきちんと返しなさい、人にお願いするときには、してもらってお返しするのではなく、先に多く渡しなさい」という教えを、ご一家は当たり前のように実践していました。

このご家族は、**精神や技術を身につけることは、生きていく能力をいただくことだ**、と知っていたから、礼を実践し、10年の間に師の力を借りて孫、息子の人格を完成に近づけることに成功したのです。

・担任の先生に、両親が深々と頭を下げて「〇〇の父親です、母親です。〇〇のことをよろしくお願いします」ときちんと伝えたことはありますか？

・自分の子どもに「先生のお話をきちんと聞きなさい」と言ったことがありますか？

・「先生に何かしてもらったら、ありがとうございましたと、ちゃんと伝えるのよ」と子どもと約束したことがあるでしょうか？

・終業式や卒業式の際、お世話していただいた担任の先生や部活の先生を探して、「〇〇がお世話になりました。おかげさまで成長しました。先生、ありがとうございました」とお礼をしたことはありますか？
・習い事の先生や塾の先生に、両親2人で挨拶をしたことがありますか？

この5個の質問の答えに「あります」が多い親御さんほど、先生に対しての礼を心得ていて、教育への高い意識を持っていると言えるでしょう。

この**親の意識を、子どもと先生は不思議と感じ取れる**ものなのです。

実際に教育を受けるのは子どもで施すのは先生ですが、幼少期の教育は、親が子どもと先生を仲介します。つまり、**教育の成否は親で決まる**、と言っても過言ではないのです。

子どもの前で、先生に対して深々と頭を下げましょう。親は、子どもにも先生にも、いい教育を心から望んでいることを表現してください。

子どもは先生の言うことを聞くようになるでしょうし、先生も親の気持ちが伝わっていれば、きちんと叱らなければならないときには、厳しく叱ってくれます。

道場に通う生徒のご両親から、感謝の手紙をいただくことがよくあります。

いただいた手紙を読んでいると、師に手紙を書くことで、両親が改めて、子どもの成長に気づくことも多いようです。

また、手紙をいただいた私は、ご両親の期待に何が何でも応えて教育をしよう、と改めて気が引き締まります。

手紙で感謝の気持ちを伝えることで、親はわが子の成長に気づき、師は弟子への思いが強まるのです。つまり、子ども自身が手紙の恩恵を一身に受けることになります。

皆さんも、いつもわが子を指導してくれている、担任の先生にお礼の手紙を書いてみてはいかがでしょうか。

一行実践ポイント

今、子どもがお世話になっている先生に、お礼の言葉を贈る

おわりに

わが子の幼い頃のアルバムをめくるのは、年末の大掃除の恒例行事になりました。1年でたまった埃を払っていると、ついアルバムのページをめくってしまいます。

なんと可愛いわが子たち。わが子の幼年期は、子育てにおける「花」かもしれません。もしかしたら、一生の中で一番の歓喜を味わえた時期だったかもしれません。

この本を手に取られたあなたは、今まさに「花」の時期を過ごされているはずです。もう花の時期を終えてしまった私には、うらやましい限りです。

もちろん今でも3人の子どもたちは、十分可愛いです。しかし、もう抱き上げて、頬ずりすることはできません。この頃では、恥ずかしがって手をつないでもくれません。

アルバムをめくりながら、この時こうしてあげたらよかった、ああしてあげていればよかった、と思うことがたくさんあります。

もちろん後悔ばかりではありませんが、今の心境で、アルバムの中の時期を過ごしたら、もっともっと子どもたちにとっていい父親だっただろうな、と思います。

今、私は、わが子への懺悔の気持ちも含めて、道場に通う子どもたちに全力で向き合っています。

私は道場で、子どもたちを導く気持ちを込めて叱ります。でも、それ以上にお母様方、お父様方への語りかけを重視しています。

預かっている子どもを導こうと思ったとき、親との意思疎通が不可欠だからです。真剣に向き合っていると、親御さんの口元は、いつからかきりっと引き締まってきます。こうなれば、後は時間の問題で、しつけは子どもの中に入っていきます。

本書でご紹介した、子どもを「恥をかかない大人」に育てるための10の基本ルールを、子どもだけではなく、自分自身にも課して「変わろう、子どもから尊敬される親になろう！」と決めてください。

この本が世に送り出されたのは、同文舘出版のビジネス書編集部　古市達彦編集長のおかげです。ここに名前を挙げて謝意を表します。

また、編集を担当してくださった石川優薫さんには的確なアドバイスをいただきました。同文舘出版会議の先輩である、吉田幸弘さん、善福克枝さんにも、たくさん励ましていただきました。謹んで御礼申し上げます。

最後に、いつも黙って応援してくれる家内に感謝します。

平成26年2月28日　昇龍庵にて

谷垣友信榮

著者略歴

谷垣友信榮（たにがき　ゆきひで）

1967年名古屋市生まれ。慶應義塾大学経済学部卒業。
５年間の空手の内弟子経験や禅など、約40年に及ぶさまざまな修行歴を持つ。
現在、埼玉県川口市、蕨市、さいたま市に空手道場を設け、
修行指導と幼児を育てる親御様への啓発活動に携わっている。
稽古教育流宗家 稽古教育研究会武南カラテ会長師範

子どもを“恥をかかない大人”に育てるためのしつけ 10の基本ルール

平成26年４月２日　　初版発行

著　者——谷垣友信榮
発行者——中島治久
発行所——同文館出版株式会社
東京都千代田区神田神保町１-41　〒101-0051
営業（03）3294-1801　編集（03）3294-1802
振替 00100-8-42935　http://www.dobunkan.co.jp

ISBN978-4-495-52661-0
印刷／製本：三美印刷
Printed in Japan 2014